रुको मत, आगे बढ़ो

स्वामी विवेकानंद के 100 Motivational प्रसंग

रेनू सैनी

प्रभात
पेपरबैक्स
www.prabhatbooks.com

प्रकाशक
प्रभात पेपरबैक्स
प्रभात प्रकाशन प्रा. लि. का उपक्रम
4/19 आसफ अली रोड, नई दिल्ली–110002
फोन : 23289777 • हेल्पलाइन नं. : 7827007777
इ–मेल : prabhatbooks@gmail.com ❖ वेब ठिकाना : www.prabhatbooks.com

संस्करण
प्रथम, 2022

मूल्य
तीन सौ रुपए

मुद्रक
आर–टेक ऑफसेट प्रिंटर्स, दिल्ली

★

RUKO MAT, AAGE BADHO
by Smt. Renu Saini

Published by **PRABHAT PAPERBACKS**
An imprint of Prabhat Prakashan Pvt. Ltd.
4/19 Asaf Ali Road, New Delhi-110002

ISBN 978-93-5521-370-9

₹ 300.00

प्राक्कथन

स्वामी विवेकानंद एक ऐसी विभूति हैं, जिनके बारे में कुछ भी कहना सूर्य को दीपक दिखाना ही साबित होगा। अपने अल्प जीवन में ही उन्होंने पूरे विश्व को भारत की महान् संस्कृति से परिचित कराया। भारतीय संस्कृति के प्रति उनके इस योगदान ने विदेशियों को इतना स्तब्ध और चकित कर दिया कि उन्होंने अपने देश को छोड़कर भारत में शरण ली तथा हिंदुत्व व भारतीय संस्कृति में रँगकर अपने संपूर्ण जीवन को उसमें डुबो दिया।

वे हमेशा से युवाओं के प्रेरणास्रोत थे और रहेंगे। आज भी युवा उनसे न सिर्फ परिचित हैं, अपितु इस कदर प्रभावित हैं कि वे उनमें अपना आदर्श खोजते हैं। स्वामी विवेकानंद अल्प आयु में ही अमेरिका, शिकागो और अनेक देशों में गए। हिंदू धर्म को उन्होंने विश्व स्तर पर पहचान दिलाई। उनका उद्देश्य हिंदू या किसी धर्म को श्रेष्ठ ठहराना नहीं था, अपितु यह बताना था कि सभी धर्म एक हैं। सभी में समभाव की भावना व्यक्ति को ऊँचाइयों की ओर ले जाती है। शिकागो के विश्वधर्म सम्मेलन में स्वामी विवेकानंद ने पहली बार अपनी इतनी सशक्त उपस्थिति दर्ज कराई कि अन्य वक्ता और श्रोतागण आकंठ उनके स्वर में डूब गए। स्वामीजी जब मंच पर बोलते थे तो वहाँ पर एक स्वर गूँजता था और पूरा सभागार नीरवता के आगोश में आकर उस स्वर पर अपना ध्यान केंद्रित कर देता था।

स्वामी विवेकानंद मात्र एक साधु नहीं थे, अपितु एक सर्वश्रेष्ठ वक्ता, विचारक, मानव-कल्याण और देशभक्त थे। उनमें देशभक्ति की भावना कूट-

कूटकर भरी हुई थी। उन्हें यह ज्ञात था कि भारत धर्म, दर्शन एवं संस्कृति की पावन धरा है। बड़े-बड़े ऋषि-मुनियों ने यहाँ पर सांस्कृतिक विरासत को आगे बढ़ाया है। उन्हें यहाँ एक बात की कमी बहुत खलती थी और वह थी तकनीकी ज्ञान की। वे कहते थे कि भारत में जहाँ ज्ञान-दर्शन की बहुलता है, वहीं तकनीकी ज्ञान की कमी है। इसलिए मैं विदेशों को ज्ञान एवं धर्म की महिमा बताऊँगा और वहाँ के तकनीकी ज्ञान को अपने भारत में लेकर आऊँगा, ताकि तकनीकी ज्ञान के माध्यम से कार्य करके देश प्रगति के पथ पर प्रशस्त हो।

स्वामी विवेकानंद व्यक्ति को जाति, धर्म के नजरिए से न देखकर उन्हें समान से देखते थे। देश की भूखी और अज्ञानी जनता में आत्मविश्वास उत्पन्न करने के लिए वे कहते थे कि उठो, जागो और तब तक मत रुको, जब तक तुम अपने लक्ष्य को न पा लो।

जन-जन को जागरूक करने में स्वामी विवेकानंद ने अद्वितीय भूमिका निभाई है। अपने अल्प जीवन में उन्होंने पूरे भारत को झकझोरा और उनमें आत्मविश्वास उत्पन्न किया। उन्हें संघर्ष करने के लिए प्रेरित किया।

इस पुस्तक में मैंने उनके जीवन की घटनाओं को कुछ कथाओं के रूप में समेटने का प्रयत्न किया है। ये कथाएँ केवल बच्चों को ही नहीं, अपितु बड़े-बुजुर्गों को भी पसंद आएँगी। पाठक स्वयं को इन कथाओं से जुड़ा हुआ महूसस करेंगे।

—रेनू सैनी

अनुक्रम

एकाग्रता से सब संभव है

एक बार जर्मनी के कील नगर के विश्वविद्यालय के संस्कृत विभाग के प्रधानाध्यापक पॉल डॉयसन और स्वामी विवेकानंद किसी विषय पर चर्चा कर रहे थे। चर्चा के बीच में अचानक श्री डॉयसन को जरूरी काम से उठकर जाना पड़ा। उनके जाने के बाद स्वामीजी अकेले कमरे में इधर-उधर देखते रहे। सहसा उनकी नजर एक पुस्तक पर पड़ी और वे उस पुस्तक को पढ़ने लगे। एकाग्रता से पढ़ते-पढ़ते वे इतने मगन हो गए कि उन्हें पुस्तक के पाठ के सिवाय कुछ और नजर ही नहीं आ रहा था। जब उनकी नजर पुस्तक से हटी तो उन्होंने देखा कि पॉल डॉयसन अपने स्थान पर बैठे हुए थे। उन्हें वहाँ बैठे देखकर स्वामीजी बोले, 'क्षमा करिए, मुझे आपके आने का अंदाजा ही नहीं हो पाया। दरअसल मैं पुस्तक पढ़ने में इतना तल्लीन था कि मेरा और किसी चीज की तरफ ध्यान ही नहीं गया।'

स्वामी विवेकानदं की बात सुनकर श्री डॉयसन व्यंग्य से मुसकराकर बोले, 'कोई बात नहीं।' लेकिन उनके बोलने के तरीके को देखकर स्वामी विवेकानंद समझ गए कि पॉल डॉयसन को इस बात का विश्वास नहीं हो रहा है कि वे वास्तव में एकाग्रता से पुस्तक पढ़ रहे थे और इसलिए उन्हें उस समय पुस्तक में खोए रहने के कारण कुछ और नजर ही नहीं आया। उनकी चर्चा फिर से आरंभ हो गई। इस बार चर्चा में स्वामीजी बार-बार पुस्तक के अनेक उद्धरणों को चर्चा में शामिल कर बातें करने लगे। यह देखकर श्री डॉयसन बोले, 'स्वामीजी, आपने चार सौ पृष्ठों की इस पुस्तक को कई बार

पढ़ा होगा, तभी जाकर आपको पुस्तक में लिखित उद्धरण ज्यों-के-त्यों याद हो पाए हैं।' इस पर स्वामी विवेकानदं बोले, 'नहीं, मैंने इस पुस्तक को पहले कभी नहीं पढ़ा, बल्कि अभी कुछ समय पहले ही पढ़ा है।'

यह सुनकर डॉयसन बोले, 'यह असंभव है। भला इतनी मोटी पुस्तक को आप इतने कम समय में कैसे पढ़ सकते हैं?' स्वामी विवेकानंद बोले, 'पढ़ा जा सकता है, बशर्ते कि आप पूरे ध्यान और एकाग्रता से पुस्तक को पढ़ें। मैंने वही किया है, लेकिन आप को विश्वास नहीं हुआ। दरअसल इनसान अपने चित्त पर काबू रखकर एकाग्रता से असंभव को भी संभव कर सकता है और हमारे भारत देश में अनेक भारतीय असंभव कार्य को एकाग्रता से संभव भी बनाते हैं।' स्वामी विवेकानंद का जवाब सुनकर पॉल डॉयसन लज्जित हो गए।

□

शिक्षा का अर्थ

एक बार अनेक बालक स्वामीजी को घेरकर बैठे हुए थे। ये सभी बालक विद्यालयों में शिक्षा ग्रहण कर रहे थे। स्वामीजी उन्हें शिक्षा का महत्त्व बताना चाहते थे। इसलिए उन्होंने सभी विद्यार्थियों को एकत्र किया था। उन्होंने विद्यार्थियों से पूछा, 'क्या तुममें से कोई बता सकता है कि शिक्षा क्या होती है?' यह सुनकर एक विद्यार्थी बोला, 'स्वामीजी, विद्या ग्रहण करना ही शिक्षा कहलाती है।' फिर उन्होंने पूछा कि शिक्षा का क्या उद्‍देश्य है? इस प्रश्न के जवाब में अनेक विद्यार्थियों की अलग-अलग राय थी। किसी का कहना था कि शिक्षा से व्यक्ति परिष्कृत होता है। किसी का मानना था कि शिक्षा के माध्यम से व्यक्ति के विचार और सोचने-समझने की शक्ति बढ़ जाती है तो कोई कहता था कि शिक्षा से व्यक्ति मनचाही वस्तु प्राप्त कर सकता है।

सभी विद्यार्थियों से शिक्षा का उद्‍देश्य जानने के पश्चात् स्वामीजी बोले, 'बालको, शिक्षा वह है, जिससे मनुष्य की शक्तियों का विकास हो। वह शब्दों को रटना मात्र नहीं है। शिक्षा व्यक्ति की मानसिक शक्तियों का ऐसा विकास है, जिससे वह स्वयंमेव स्वतंत्रतापूर्वक विचार कर ठीक-ठाक निश्चय कर सके।' तभी एक विद्यार्थी बोला, 'स्वामीजी, शिक्षा के माध्यम से हम नई-नई बातें भी तो सीखते हैं।' पास ही बैठा दूसरा विद्यार्थी बोला, 'हाँ, नवीन बातें हमारे अंतर्चक्षु खोलती हैं।' उनकी बातें सुनकर स्वामीजी बोले, 'तुम्हारा कहना ठीक है कि शिक्षा हमें नवीन जानकारी देती है, लेकिन नवीन जानकारी का यह अर्थ कतई नहीं है कि उसमें अधकचरी और ऐसी बातें शामिल हों,

जिन्हें तुम्हारा मन–मस्तिष्क पचा ही न पाए। शिक्षा जीवन–निर्माण करती है, व्यक्ति के चरित्र का गठन करती है, विचारों में सामंजस्य उत्पन्न करती है और शिक्षा से व्यक्ति अपनी दुर्भावनाओं पर नियंत्रण करना भी सीखता है। शिक्षा तभी सार्थक हो पाती है, जब विपरीत परिस्थिति में एक शिक्षित व्यक्ति अपनी शिक्षा का सही दिशा में प्रयोग कर विजय प्राप्त करता है। एक शिक्षित व्यक्ति सही मायनों में शिक्षा का सदुपयोग कर न केवल अपना और अपने परिवार का, अपितु पूरे देश का भला करता है।'

स्वामीजी की बातें सुनकर वहाँ उपस्थित विद्यार्थी एक स्वर में बोले, 'स्वामीजी, आज से हम भी शिक्षा ग्रहण कर हर अशिक्षित व्यक्ति को शिक्षित करने का प्रयास करेंगे, लोगों में जो गलत और रूढ़िवादी बातें भ्रम बनकर फैली हैं, उन्हें दूर करने में अपना योगदान देंगे।' स्वामी विद्यार्थियों की बातें सुनकर बोले, 'अगर तुम सब आज से ही ऐसा करना प्रारंभ कर दोगे तो वह दिन दूर नहीं, जब भारत में भी तकनीकी ज्ञान प्रचुर मात्रा में उपलब्ध होगा और तकनीकी स्तर पर भी हमारा देश विश्व के सामने नया उदाहरण प्रस्तुत करेगा।'

□

सच्ची पूजा

स्वामी विवेकानंद एक बार अपने आश्रम में बैठे हुए कुछ शिष्यों से बातें कर रहे थे, तभी एक अत्यंत दुःखी व्यक्ति उनके पास आया और उनको प्रणाम कर एक ओर बैठ गया। स्वामीजी उसके अंतर्मन के भावों को समझ गए और उससे बोले, 'क्यों वत्स, तुम किस चिंता में पड़े हुए हो?' यह सुनकर वह व्यक्ति द्रवित होकर बोला, 'भगवन्, मैं बहुत परेशान हूँ। मेरी समस्या का समाधान करें।' स्वामी विवेकानंद बोले, 'वत्स, क्या समस्या है तुम्हारी? अगर तुम्हारी समस्या विचारणीय हुई तो मैं अवश्य ही उसका समाधान करूँगा।'

स्वामीजी की बात पर वह बोला, 'स्वामीजी, मैंने अनेक धर्मग्रंथों का अध्ययन किया। कई पंथों से जुड़ा, पर आज तक यह नहीं जान पाया कि वास्तविक सत्य और पूजा क्या है? जीवितावस्था में ईश्वर से साक्षात्कार कैसे संभव है?' उसका प्रश्न सुनकर स्वामीजी मुसकराते हुए बोले, 'वत्स, तुमने अभी तक इन सबकी प्राप्ति के लिए क्या-क्या उपाय किए हैं?' वह व्यक्ति बोला, 'स्वामीजी, इसके लिए मैं कमरे का दरवाजा बंद कर समाधि लगाकर प्रभु की भक्ति के लिए बैठा हूँ। किंतु दरवाजा बंद होने पर भी मेरा ध्यान इधर-उधर भटकता रहता है, जिससे मुझे प्रभु के दर्शन नहीं हो पाते और मैं वास्तविक पूजा से विमुख रह जाता हूँ।'

उसका जवाब सुनकर स्वामीजी मुसकराकर बोले, 'वत्स, सच्ची पूजा और प्रभुभक्ति के लिए दरवाजा बंद करने की जरूरत नहीं है। दरवाजा

खोलकर बाहर निकलो। संसार के दीन-दुःखी, दरिद्र और असहाय रोगियों के पास जाओ। लाखों लोग तुम्हारी सहायता पाने की प्रतीक्षा में हैं। जाति, धर्म, नस्ल, पंथ के भेदभाव के बिना, निस्स्वार्थ रूप से तन-मन-धन से मानवसेवा में लग जाओ। भूखों को खाना दो। प्यासों को पानी पिलाओ। जितना हो सके, मन, वचन और कर्म से दूसरों पर उपकार करो।

स्मरण रखो कि परसेवा, दया, सहानुभूति तथा दरिद्रनारायण की सेवा ही प्रभु की सच्ची पूजा और भक्ति है। परोपकार से ही तुम्हारे अशांत, चंचल मन को शांति एवं प्रभु-दर्शन की सुखद अनुभूति प्राप्त होगी। मानवसेवा ही सच्ची पूजा और प्रभु के दर्शन का मार्ग है। परमार्थ सेवा में अपना सर्वस्व न्योछावर करनेवाले मानव संसार में महान् और पूज्य बनकर अमर हो जाते हैं।' स्वामी विवेकानंद की बातें सुनकर उस व्यक्ति की आँखें खुल गईं और वह उसी क्षण उनसे आशीर्वाद लेकर मानव-कल्याण के अभियान पर निकल गया।

□

स्वामी का भोजन

एक बार स्वामी विवेकानंद रेलवे स्टेशन पर रुके हुए थे। जब लोगों को उनके वहाँ रुकने के बारे में पता चला तो उनके पास भीड़ लग गई और लोग उनसे अपनी समस्याएँ व जिज्ञासाओं का समाधान पूछने लगे। स्वामीजी सभी की समस्याओं का समाधान करते और लोगों की जिज्ञासाओं का जवाब देते। लोगों की इस भीड़ में स्वामीजी को तीन दिन बीत गए और इन तीन दिनों में पीड़ितों की समस्याओं का समाधान करते-करते वे खाना-पीना तक भूल गए। किंतु इस दौरान किसी को भी उनके खाने-पीने के बारे में पूछने का खयाल तक नहीं आया। तीसरे दिन रात्रि में एक निर्धन व्यक्ति उनके पास आया और उन्हें प्रणाम कर बोला, 'स्वामीजी! आप तीन दिनों से निराहार लोगों की समस्याओं का समाधान कर रहे हैं और प्रवचन कर रहे हैं। मैंने देखा कि इन तीन दिनों में आपने कुछ भी खाया-पिया नहीं है। मेरा हृदय इस बात से बहुत दु:खी है।'

उस निर्धन व्यक्ति की बात सुनकर स्वामी विवेकानंद को बहुत प्रसन्नता हुई और वे सोचने लगे कि यह व्यक्ति व्यक्ति के रूप में साक्षात् ईश्वर है, जिसने इतनी बारीकी से ईश्वर की भाँति उनकी भूख-प्यास का ध्यान रखा। वे उस निर्धन व्यक्ति से प्रसन्नतापूर्वक बोले, 'क्या तुम मुझे कुछ खाने को दोगे?' यह सुनकर वह व्यक्ति सहमते हुए बोला, 'स्वामीजी, मैं मेहतर सफाई कर्मचारी हूँ, आपको अपनी बनाई रोटी कैसे दे सकता हूँ? यदि आपकी आज्ञा हो तो मैं कुछ भोजन सामग्री खरीदकर ला दूँ। यह सुनकर स्वामीजी

बोले, 'बंधु! तुम मुझे अपनी बनाई रोटी ही दो। मैं वही खाऊँगा।' उस सफाई कर्मचारी के घर की दाल-रोटी स्वामीजी ने बड़े प्रेम से खाई।

एक दलित सफाई कर्मचारी के हाथ का भोजन खाते देख सवर्ण लोगों ने नाक सिकोड़कर स्वामीजी से कहा, 'आप कैसे साधु-संन्यासी हैं? निम्न वर्ग के व्यक्ति के हाथ का बना हुआ खाना खाते हैं।' उन लोगों की बात सुनकर स्वामीजी बोले, 'मैं तीन दिनों से निराहार था। तुम लोगों ने तीन दिन तक मेरे खाने-पीने की चिंता नहीं की। इसने प्रेम से श्रद्धा सहित मेरी सुध ली है। मानवता, दया, प्रेम, सहानुभूति और श्रद्धा का धनी यह व्यक्ति नीच नहीं अपितु महान् है। नीच तो वह है, जो इन गुणों से रहित है।' स्वामीजी का यह स्पष्ट कथन सुनकर सभी व्यक्तियों के सिर शर्म से झुक गए। □

पाप और पुण्य

यह घटना सन् 1899 की है। उन दिनों कलकत्ता में प्लेग फैला हुआ था। कलकत्ता में शायद ही कोई घर ऐसा बचा था, जिसमें इस रोग का प्रवेश न हुआ हो। हर घर में कोई-न-कोई प्राणी इस बीमारी से ग्रसित था और घर के सभी सदस्य हैरान-परेशान से मरीज की तीमारदारी में जुटे हुए थे। प्लेग ने असमय ही अनेक लोगों को मौत की नींद सुला दिया। यह देखकर हर ओर त्राहि-त्राहि मच गई। जिस घर का सदस्य मरता था, वहाँ रुदन-चीत्कारें गूँजने लगती थीं। सभी परेशान थे। ऐसे में स्वामी विवेकानंद, उनके कई शिष्य तथा गुरु भाई रोगियों की सेवा-शुश्रूषा स्वयं करते रहे, हाथों से नगर की गलियाँ और बाजार साफ करते रहे और जिस घर के मरीज इस बीमारी की चपेट में आ गए थे, उन्हें दवा आदि देकर उनके उपचार में लगे रहे।

तभी कुछ पंडितों की मंडली स्वामीजी के पास आई और बोली, 'स्वामीजी, आप यह ठीक नहीं कर रहे हैं। इस धरती पर पाप बहुत बढ़ गया है, इसलिए इस महामारी के रूप में भगवान् लोगों को दंड दे रहे हैं। आप लोगों को बचाने का यत्न कर रहे हैं। ऐसा करके आप भगवान् के कार्यों में बाधा डाल रहे हैं।' पंडितों की ऐसी बातें सुनकर स्वामीजी गंभीरता से बोले, 'पंडितगणो, पहले तो मैं आप सबको नमस्कार करता हूँ।' उनको नमस्कार करने के बाद स्वामीजी बोले, 'आप सब यह तो जानते ही होंगे कि मनुष्य इस जीवन में अपने कर्मों के कारण कष्ट और सुख पाता है। ऐसे में जो व्यक्ति कष्ट से पीड़ित है और तड़प रहा है, यदि दूसरा व्यक्ति उसके घावों

पर मरहम लगा देता है तथा उसके कष्ट को दूर करने में मदद करता है; वह स्वयं ही पुण्य का अधिकारी बन जाता है।

अब यदि आपके अनुसार प्लेग से पीड़ित लोग पाप के भागी हैं तो भी हमारे जो सेवक इनकी मदद कर रहे हैं, वे तो पुण्य के भागी बन ही रहे हैं न। बोलिए, इस संदर्भ में आपका क्या कहना है ?' स्वामीजी की बात सुनकर सभी पंडित भौचक्के रह गए और सिर झुकाकर चुपचाप वहाँ से चले गए।

□

धर्म का सार

एक बार स्वामी विवेकानंदजी धर्म-प्रचार के उद्‌देश्य से अमरीका का भ्रमण कर रहे थे। उनके धर्म के महत्त्व संबंधी विचारों से प्रभावित होकर एक विश्वविद्यालय के अमरीकी शिक्षक उनके पास पहुँचे तथा उनसे बोले, 'स्वामीजी, आप मुझे अपने हिंदू धर्म में दीक्षित करने की कृपा करें।' उस शिक्षक की बात सुनकर स्वामीजी बोले, 'मैं यहाँ धर्म प्रचार के लिए आया हूँ, न कि धर्म-परिवर्तन के लिए। मैं अमरीकी धर्म-प्रचारकों को यह संदेश देने आया हूँ कि वे धर्म-परिवर्तन के अभियान को बंद कर हर धर्म के लोगों को अच्छा इनसान बनाने का प्रयास करें। मेरी हिंदू संस्कृति विश्वबंधुत्व का संदेश देती है, मानवता को सबसे बड़ा धर्म मानती है।'

स्वामीजी की बात सुनकर वह शिक्षक उनकी बातों से मोहित सा हो गया और बोला, 'स्वामीजी, कृपया इस बारे में और विस्तार से कहिए।' शिक्षक की बात सुनकर स्वामीजी फिर बोले, 'महाशय, इस पृथ्वी पर सबसे पहले मानव का आगमन हुआ था। उस समय कहीं कोई धर्म, जाति या भाषा न थी। मानव ने अपनी सुविधानुसार अपनी-अपनी भाषाओं, धर्म तथा जाति का निर्माण किया और अपने मुख्य उद्‌देश्य से भटक गया। इसलिए मैं तुम्हें यह कहना चाहता हूँ कि तुम अपना धर्म पालन करते हुए अच्छे ईसाई बनो। हर धर्म का सार मानवता के गुणों को विकसित करने में है। इसलिए तुम भारत के ऋषि-मुनियों के इन शाश्वत संदेशों का लाभ उठाओ और उन्हें अपने जीवन में उतारो।'

अमरीकी शिक्षक स्वामीजी से धर्म का सार सुनकर उनके विचारों से अभिभूत हो उठा और उनके आगे नतमस्तक होकर अपने धर्म के कार्य की पूर्ति हेतु आगे बढ़ चला।

सबसे बड़ा कर्म

स्वामी विवेकानंद अपने गुरु रामकृष्ण परमहंस से ज्ञान की प्राप्ति करते थे। उन्हें स्वामी रामकृष्ण परमहंस की शरण में असीम शांति एवं प्रेम के दर्शन होते थे। एक दिन जब वह उनके पास बैठे हुए थे तो स्वामी विवेकानंद उनसे बोले, 'गुरुजी, मेरे मन में तपस्या करने की चाहत जगी है। मैं तपस्या किसी साधारण स्थल पर न करके हिमालय की शांत कंदराओं में करना चाहता हूँ। वहाँ पर मेरी तपस्या में न ही विघ्न-बाधाएँ आएँगी और न ही मेरी एकाग्रता भंग होगी। इस बारे में आपका क्या कहना है ?'

स्वामी विवेकानंद की बात सुनकर रामकृष्ण परमहंस मुसकराते हुए बोले, 'पुत्र, जब तुमने निश्चय कर ही लिया है तो मेरी राय क्यों पूछ रहे हो ?' यह सुनकर स्वामी विवेकानंद बोले, 'गुरुजी, अभी मेरे जीवन की शुरुआत है। मैं अनेक फैसले गलत भी ले सकता हूँ। इसलिए आपसे मार्गदर्शन चाहता हूँ।' स्वामी विवेकानंद की यह बात सुनकर रामकृष्ण परमहंस बोले, 'पुत्र, यदि मेरा मार्गदर्शन चाहते हो तो वह मैं अवश्य दूँगा। इस बारे में मैं यह कहूँगा कि हमारे क्षेत्र के लोग भूख से तड़प रहे हैं, रोगों से ग्रस्त हैं। चारों ओर अशिक्षा एवं अज्ञान का अँधेरा छाया हुआ है। यहाँ लोग रोते-चिल्लाते रहें और तुम हिमालय की किसी गुफा में तपस्या समाधि में आनंद के साथ निमग्न रहो, क्या तुम्हारी आत्मा इसे स्वीकारेगी ?'

रामकृष्ण परमहंस के इन शब्दों ने स्वामी विवेकानंद की आत्मा को झकझोर डाला और उन्होंने उसी समय संकल्प लिया कि वे अपना जीवन

गरीबों की सेवा एवं शिक्षा का प्रचार कर अज्ञान को दूर करने में लगाएँगे। इसके बाद वे रामकृष्ण परमहंस का आशीर्वाद लेकर और उन्हें प्रणाम कर वहाँ से चले आए तथा अपने संकल्प को पूरा करने के लिए कमर कस ली। इसके बाद वे आजीवन मानवसेवा के कर्म में लगे रहे और सबसे यही कहते रहे कि एक मनुष्य का दूसरे मनुष्य की मदद करना सबसे बड़ा पुण्य कर्म है।

स्वामीजी का भाषण

यह घटना उस समय की है, जब स्वामी विवेकानंद पहली बार किसी कार्यक्रम में भाग लेने के लिए ब्रिटेन गए थे। स्वामी विवेकानंद गेरुए वस्त्र धारण करके रहा करते थे। उनके मन में बचपन से ही कुछ अलग और अद्‌भुत करने की हिलोरें उठती रहती थीं। भारतीय सभ्यता और संस्कृति से उन्हें अटूट प्रेम था। विदेश में भी उन्होंने अपनी यही पोशाक धारण की हुई थी। जब उनके बोलने की बारी आई तो वे मंच की ओर बढ़ने लगे। उन्हें मंच की ओर बढ़ते देखकर आयोजकों ने उनकी पोशाक को देखा और उनपर अजीब सी नजरें डालते हुए बोले, 'आपको बोलने के लिए मात्र दो मिनट का समय दिया जाता है। आपको इन दो मिनटों में ही अपनी स्पीच को समेटना होगा।' स्वामी विवेकानंद ने आयोजकों की यह बात सुनी और सिर हिलाकर मंच की ओर बढ़ गए। मंच पर लाउडस्पीकार की ओर जाकर वे सभा को संबोधित करते हुए बोले, 'ब्रदर्स एंड सिस्टर्स!' इससे पूर्व बात आरंभ करने से पहले सभी अपनी स्पीच में 'लेडीज एंड जेंटलमेन!' कहते थे। स्वामी विवेकानंद के 'ब्रदर्स एंड सिस्टर्स!' कहते ही पूरा हॉल तालियों की गड़गड़ाहट से गूँज उठा। लगभग दो मिनट तक हॉल में जोरदार तालियाँ बजती रहीं। इसी बीच विवेकानंद मंच से उतर गए तो आयोजक हैरानी से उन्हें देखते हुए बोले, 'अरे, आप उतर क्यों गए? आपकी तो शुरुआत ही भारी करतल ध्वनियों से हुई है।'

इस पर स्वामी विवेकानंद सहजता से बोले, 'आपने मुझे बोलने के लिए

दो मिनट दिए थे और इसी बीच वे पूरे हो गए। ऐसे में मैं आपके आदेश का उल्लघंन कैसे करता ?' स्वामी विवेकानंद का जवाब सुनकर आयोजक शर्मिंदा हो गए और उन्होंने विनम्रतापूर्वक स्वामीजी से अपना भाषण पूरा करने के लिए कहा। इसके बाद विवेकानंद ने वहाँ पर काफी देर तक अपना व्याख्यान दिया और उनका यह व्याख्यान उस समय तक ही नहीं, बल्कि आज तक हर पीढ़ी को जाग्रत् करता है और नवजोश भरता है।

□

सच्चा संन्यासी

एक दिन भ्रमण करते–करते स्वामी विवेकानंद एक नगर में पहुँचे। अनेक लोग व युवक उनके उपदेशों और कार्यप्रणाली से बेहद प्रभावित थे। वे उनके सान्निध्य में रहकर अपना जीवन सफल बनाना चाहते थे। शरतचंद्र नाम का एक युवक स्वामी विवेकानंद के उपदेशों से बेहद प्रभावित था। वह न सिर्फ उनसे मिलने का इच्छुक था, अपितु उनका मार्गदर्शन भी पाना चाहता था। जब उसे स्वामी विवेकानंद के अपने नगर में आने की सूचना मिली तो वह उनके पास पहुँचा और बोला, 'स्वामीजी, मैं आपके प्रवचनों से बेहद प्रभावित हूँ। आप मुझे संन्यास की दीक्षा दे शिष्य बनाकर अपने साथ ले चलें। मैं संन्यासी बनकर आपके साथ रहना चाहता हूँ, आपकी छत्रच्छाया पाना चाहता हूँ।'

युवक की बात सुनकर स्वामी विवेकानंद युवक के कंधे पर हाथ रखते हुए बोले, 'क्या तुम संन्यासी का अर्थ समझते हो?' स्वामीजी के प्रश्न पर युवक बोला, 'स्वामीजी, संन्यासी का भलीभाँति अर्थ तो मुझे नहीं पता है, किंतु मैं साधना और भक्ति के माध्यम से आपके मार्गदर्शन में अपना मानव–जीवन सार्थक करना चाहता हूँ।' स्वामीजी बोले, 'सच्चा संन्यासी कभी भी इतना संकीर्ण व स्वार्थी नहीं होता कि वह केवल अपनी मुक्ति और कल्याण के दायरे में बँधा रहे। सच्चा संन्यासी तो वह है, जो अपनी तमाम ऊर्जा, अनुभवों का उपयोग परमार्थ, जनसेवा और राष्ट्र के विकास में करे। यदि तुम संन्यासी की इस परिभाषा से सहमत हो तो मेरे पथ के पथिक बन सकते हो।'

युवक बोला, ‘स्वामीजी, मैं आपके द्वारा बताई गई संन्यासी की परिभाषा से सहमत हूँ।’ इसके बाद वह युवक स्वामीजी के मिशन के लिए समर्पित हो गया। कुछ ही समय में वह युवक स्वामी सदानंद के नाम से जाना जाने लगी और गरीबों तथा राष्ट्र की सेवा में पूरी तरह समर्पित हो गया। उसने देश की जनता को जागरूक करने में महत्त्वपूर्ण भूमिका निभाई और एक सच्चा संन्यासी बनकर देश को अपनी सेवाएँ दीं।

□

शब्दों का महत्त्व

स्वामी विवेकानंद एक बार अपने प्रवचन में ईश्वर के नाम की महत्ता बता रहे थे। उनके इर्द-गिर्द अनेक भक्तजन विराजमान थे। सभी ध्यान से प्रेमपूर्वक उनकी बातों को सुन रहे थे। तभी एक व्यक्ति बोला, 'स्वामीजी, आप बार-बार कह रहे हैं कि ईश्वर सर्वशक्तिमान है। हमें लोगों से अच्छे और कर्णप्रिय शब्द बोलने चाहिए। ऐसे शब्द साक्षात् ईश्वर तक पहुँचते हैं और व्यक्ति के अंतर्मन को सुख व शांति प्रदान करते हैं। भला आप जरा यह तो बताएँ कि शब्दों में क्या रखा है ? यदि हम अच्छे शब्द नहीं बोलेंगे तो क्या ईश्वर नाराज हो जाएँगा ?'

उस व्यक्ति की बात सुनकर स्वामीजी बोले, 'ईश्वर तो दूर की बात है। अपशब्दों के प्रयोग से तो व्यक्ति भी नाराज हो जाता है।' वह व्यक्ति बोला, 'मैं इस बात को नहीं मानता। भला शब्दों का जीवन में क्या महत्त्व है ?' इस पर स्वामीजी उस व्यक्ति से बोले, 'तुम अत्यंत मूर्ख, जाहिल, गँवार और बेवकूफ व्यक्ति हैं। तुमसे बड़ा मूढ़ व्यक्ति शायद ही इस पृथ्वी पर हो। आपको तो किसी भी काम की समझ ही नहीं है। आपका जीवन व्यर्थ है।' स्वामीजी के मुँह से ऐसे शब्द सुनकर वह व्यक्ति उन्हें हैरानी से देखते हुए बोला, 'आप स्वयं को स्वामी कहते हैं और ऐसे शब्दों का प्रयोग करते हैं। आखिर आपने मुझमें ऐसी क्या कमी देखी, जो मेरे लिए ऐसे शब्दों का प्रयोग कर रहे हैं।'

स्वामीजी बोले, 'मैंने तो सिर्फ तुम्हारे प्रश्न का जवाब दिया है। तुम कह रहे थे कि शब्दों में भला क्या रखा है ? फिर मेरे द्वारा प्रयोग किए गए शब्दों

से तुम्हें इतना आघात क्यों पहुँचा?' स्वामीजी का जवाब सुनकर वह व्यक्ति दंग रह गया और उसने क्षमा माँगी। वह बोला, 'स्वामीजी, आप सही कहते हैं। शब्दों का बहुत महत्त्व है।' उस व्यक्ति की बात सुनकर स्वामीजी बोले, 'इसलिए बिना सोचे-समझे कुछ नहीं बोलना चाहिए। कई बार बिना सोचे-समझे बोले गए शब्द व्यक्ति की दशा और दिशा बदल देते हैं। इसके विपरीत सोच-समझकर बोले गए शब्दों के माध्यम से व्यक्ति संतुलित रहता और प्रसन्नतापूर्वक अपना जीवनयापन करता है।' वह व्यक्ति बोला, 'स्वामीजी, आगे से मैं इस बात का हमेशा ध्यान रखूँगा।'

□

अहिंसा का पाठ

स्वामी विवेकानंद को व्यायाम का बड़ा शौक था। बचपन से ही अखाड़े में जाने और व्यायाम करने के कारण उनका शरीर अत्यंत बलिष्ठ और हृष्ट-पुष्ट था। उनके चेहरे पर एक अभूतपूर्व तेज था, जो सहज ही सबको अपनी ओर आकर्षित करता था। एक दिन वे अपने मित्रों के साथ व्यायाम कर रहे थे कि तभी एक अंग्रेज नाविक का किसी बात पर उनसे झगड़ा हो गया। झगड़ा काफी देर तक चलता रहा। बात धीरे-धीरे बढ़ते हुए हाथापाई तक आ पहुँची। संयोग से हाथापाई में हाथ व्यायामशाला के एक खंभे पर जा लगा और वह खंभा सीधा अंग्रेज नाविक के सिर पर गिरा। खंभा गिरते ही नाविक बेहोश हो गया। उसे अत्यंत चोट पहुँची और खून बह निकला।

अंग्रेज नाविक के सिर से खून बहत देख स्वामी विवेकानंद के सभी मित्र बेहद घबरा गए और वहाँ से भाग निकले, लेकिन स्वामी विवेकानंद वहीं पर डटे खड़े रहे। उन्होंने अंग्रेज नाविक के सिर को अपनी गोद में रखा। इसके बाद पानी से उसकी चोट को साफ किया। चोट पर कुछ बाँधने के लिए वे इधर-उधर देखने लगे। जब उन्हें नाविक की चोट पर बाँधने के लिए कुछ नहीं मिला तो उनका ध्यान अपनी शर्ट पर गया। उन्होंने तुरंत अपनी शर्ट फाड़ी और कसकर नाविक के सिर पर बाँध दी। इसके बाद उसकी आँखों पर पानी के छींटे डाले। नाविक धीरे-धीरे होश में आया। होश में आने पर वह यह देखकर दंग रह गया कि स्वामीजी उसे छोड़कर भागे नहीं, बल्कि उसकी मरहम-पट्टी की।

उस दिन के बाद से वह अंग्रेज नाविक उनका मित्र बन गया और अहिंसा के मार्ग पर चलने लगा। वह अकसर सबसे कहता, 'स्वामी विवेकानंद ने मुझे अहिंसा का पाठ पढ़ाया है। मैं इस पाठ को आजीवन याद रखूँगा और अपने जीवन में उतारूँगा।'

□

सुख का अर्थ

एक बार स्वामी विवेकानंद अपने गुरु स्वामी रामकृष्ण परमहंस के साथ आश्रम में शास्त्रों पर चर्चा कर रहे थे। स्वामी रामकृष्ण विवेकानंद को बता रहे थे कि संन्यासी का असली मर्म यह होता है कि वह अपना जीवन देश व समाज का कल्याण करने में लगाए। यह सुनकर स्वामी विवेकानंद बोले, 'गुरुजी, आप सही कह रहे हैं। यदि संन्यासी का वास्तविक कार्य यह होना चाहिए तो फिर बहुत से संत, विद्वान् और पुजारी वेद-पुराणों का अध्ययन करते हुए ही अपना पूरा जीवन क्यों व्यतीत कर देते हैं? उन्हें लगता है कि उनका जीवन बड़े-बड़े पोथों को पढ़ने के साथ-साथ ईश्वर की मूर्ति के आगे बैठकर आराधना करने में ही सार्थक है।'

विवेकानंद की बात सुनकर स्वामी रामकृष्ण परमहंस बोले, 'नरेंद्र, तुमने बहुत अच्छा प्रश्न किया है। आओ, इसका जवाब तुम्हें आश्रम के बाहर चलकर देता हूँ।' इसके बाद दोनों आश्रम से बाहर आ गए। बाहर स्वामी रामकृष्ण परमहंस विवेकानंद से बोले, 'यहाँ तुम्हें कौन सी वस्तु सबसे अच्छी लग रही है?' स्वामी विवेकानंद चारों ओर देखते हुए बोले, 'गुरुदेव, यहाँ की तो सभी वस्तुएँ ही प्रिय हैं। प्रकृति हमेशा खूबसूरत ही लगती है। चारों ओर पेड़ों पर चिड़ियाँ चहचहा रही हैं। फूलों पर तितलियाँ मँडरा रही हैं। भौंरे गुनगुना रहे हैं।' तभी स्वामी रामकृष्ण परमहंस ने देखा कि ऊपर आसमान में कुछ गिद्ध और चीलें मँडरा रहे हैं।

उन्होंने नीचे एक मृत जीव को पाया। यह देखकर वे विवेकानंद से बोले,

‘विवेकानंद, देखो, ऊपर चील और गिद्ध इस मृत जीव के लिए मँडरा रहे हैं। उन्हें प्रकृति की खूबसूरती से कुछ लेना-देना नहीं है। उनके लिए सुख इस मृत जीव में ही है। इसलिए सबके लिए अपने-अपने सुख अलग-अलग तरह से हैं। जिन संतों की तुमने बात की है, दरअसल वे वास्तविक संत हैं ही नहीं? क्योंकि उनका उद्‌देश्य जन-कल्याण के लिए न होकर अपने लिए सुख-सुविधाओं को अर्जित करने में है। यह बात दूसरी है कि उनकी नजरों में जो सुख और जीवन का सुंदर पर्याय है, वास्तव में वह असली सुख नहीं है। जीवन का असली सुख तो इंद्रियों को वश में रखकर एकाग्रचित्त होकर जन-कल्याण करने में ही है।’

स्वामी रामकृष्ण परमहंस की बात सुनकर स्वामी विवेकानंद बोले, ‘स्वामीजी, आपका कहना सही है। सुख का वास्तविक अर्थ तो दूसरों को सुख और खुशी देने में ही है।’

□

हिंदी का प्रचार

स्वामी विवेकानंदजी ने अपनी सहज व सरल भाषा से संपूर्ण विदेशियों को प्रभावित कर दिया था। बातचीत करने के उनके ढंग, विचारों ने विदेशियों में आध्यात्मिकता की एक नई लहर उत्पन्न कर दी थी। स्वामी विवेकानंदजी की अनेक भाषाओं पर अच्छी पकड़ थी, लेकिन विदेश में उन्होंने हमेशा भारतीय भाषाओं की प्रगति पर ध्यान दिया। उनके व्याख्यानों में प्रयुक्त हुए हिंदी व संस्कृत के शब्द हमेशा-हमेशा के लिए अमर हो गए। अनेक विदेशी समाचार-पत्रों ने उनके व्याख्यानों को प्रमुखता से प्रकाशित किया।

एक विदेशी समाचार-पत्र में उनके भाषण के बारे में कहा गया कि 'हिंदू स्वामी विवेकानंदजी के वक्तृत्व के जादू से अमरीकी नागरिक प्रभावित हुए हैं। पुरुष, प्रकृति, माया, ईश्वर, मोक्ष, आत्मा आदि शब्दों को मानो अमरीकन इनसाइक्लोपीडिया की नागरिकता प्राप्त हो गई है।' स्वामीजी के भाषणों और पुस्तकों की प्रसिद्धि होने पर हिंदू धर्म पर आधारित भारतीय भाषाओं की पुस्तकों का अंग्रेजी में अनुवाद किया गया। अधिकतर विदेशी अपने जीवन में हिंदी व भारतीय भाषाओं के साथ-साथ भारतीय संस्कारों को भी अपने जीवन में प्रयोग करने लगे।

इस तरह स्वामीजी ने बिना किसी विरोध के पूरे विश्व को आध्यात्मिकता और भारतीय संस्कृति के रंग में रंग दिया। उनके अनेक अंग्रेज शिष्य हिंदी व संस्कृतनिष्ठ शब्दों के ज्ञानी बन गए और अन्य विदेशियों को भी उन शब्दों के

अर्थ बताने लगे। विश्व में हिंदी का प्रचार-प्रसार करने में स्वामी विवेकानंद का महत्त्वपूर्ण योगदान है। स्वामी विवेकानंद ने किसी को भी हिंदी सिखाने का प्रयत्न नहीं किया, अपितु आध्यात्मिकता के रंग में रँगे विदेशी स्वयं हिंदी के रस में आकंठ डूब गए।

विदेशियों ने अनेक हिंदी शब्द न सिर्फ अपने शब्दकोश में शामिल कर लिये थे, अपितु वे शब्द उनके जीवन का एक अंग बन गए थे।

□

साहसी बचपन

यह घटना स्वामीजी के बचपन की है। एक बार कलकत्ता में लड़ाई का जहाज आया। उस जहाज को देखने के लिए जनसमुदाय उमड़ पड़ा। बालक नरेन भी जहाज को देखने के लिए बेचैन हो उठा। साथ में उनके कुछ मित्र भी थे। वे भी जहाज देखने को उतावले थे, लेकिन उन दिनों यह नियम था कि जहाज पर जाने के लिए मंजूरी लेनी पड़ती थी। जहाज पर मंजूरी लेने जानेवाले व्यक्तियों के लिए अलग से एक ऑफिस बना हुआ था।

बालक नरेन भी जहाज पर जाने की अरजी ले ऑफिस की ओर जाने लगे। दरवाजे पर उनकी कम उम्र देखकर दरबान ने उन्हें अंदर नहीं जाने दिया और मुँह चिढ़ाते हुए बोला, 'लो, आप भी चले हैं साहब से मंजूरी लेने। आप भी लड़ाई का जहाज देखेंगे। अपनी सूरत नहीं देखते।' नरेन के बहुत कहने पर भी दरबान ने उन्हें अंदर नहीं जाने दिया तो वह उस इमारत की एक बगल में जाकर पानीवाला नल, जो ऊपर से जमीन तक लगा रहता है, पकड़कर खड़े हो गए।

यह देखकर साहब ने उन्हें सबसे पहले अपने कमरे में बुला लिया और कुछ सवाल करने लगा। नरेन भी तड़ातड़ साहब के सभी सवालों का जवाब अंग्रेजी में देते गए। यह देखकर साहब उनसे बहुत प्रसन्न हुए और उन्हें जहाज पर जाने की मंजूरी देते हुए अरजी पर हस्ताक्षर कर दिए। जब वे प्रसन्न मुद्रा में अंदर से आए तो दरबान भी उन्हें देखकर दंग रह गया। इसके बाद नरेन अपने सभी साथियों को जहाज पर लेकर गए और निडरतापूर्वक उस जहाज

पर जा चढ़े। वहाँ उपस्थित व्यक्ति भी बालक नरेन की निडरता और साहस देखकर अत्यंत प्रभावित हुए और एक-दूसरे से बोले, 'यह बालक बड़ा होकर निश्चय ही जीवन में नाम कमाएगा।'

सभी लोगों की यह बात सत्य साबित हुई। इस प्रकार नरेन के साहस के कारण उनके सभी मित्रों ने जहाज पर चढ़कर आनंद उठाया और मनोरंजन किया।

□

संन्यासी की वेशभूषा

एक बार स्वामीजी बंबई प्रांत में थे। वे रेल के दूसरे दर्जे में सफर कर रहे थे। उसी दर्जे में कई लोग बैठे हुए थे। उस समय स्वामीजी ने गेरुए वस्त्र पहने हुए थे। वे शांति से बाहर के दृश्यों को देखते हुए यात्रा का आनंद ले रहे थे। अचानक डिब्बे में बैठे कुछ व्यक्तियों ने उन्हें देखकर आपस में कानाफूसी करनी आरंभ कर दी। वे लोग शिक्षित मालूम होते थे। स्वामीजी को देखकर आपस में अंग्रेजी में बोले, 'ऐसे भगवा साधुओं के कारण ही यह देश जहन्नुम में जा रहा है, जिसको देखिए, वही भगवा वस्त्र पहने साधु बना घूमता है। सच्चे संन्यासी तो रह ही नहीं गए हैं, केवल अपना स्वार्थ देखते हैं। न ही ये साधु शिक्षित होते हैं और न ही विचारों से परिपक्व। आज हमारे देश को ऐसे व्यक्तियों की आवश्यकता है, जो संन्यासी के वस्त्रों को धारण करने के बजाय देश में संन्यासी के गुणों को स्थापित करने का प्रयास करें। ऐसे में देश को शिक्षित और परोपकारी संन्यासियों की आवश्यकता है।'

सभी व्यक्ति स्वामीजी की आलोचना करते हुए इस तरह की बातें करते रहे। स्वामीजी अभी तक चुप थे। अचानक उन्हें अपनी चुप्पी तोड़नी पड़ी और जब उन्होंने धाराप्रवाह अंग्रेजी में उनकी बातों का जवाब दिया तो वहाँ उपस्थित सभी जन दाँतों तले उँगली दबाते रह गए। स्वामीजी के जवाब सुनकर सभी उनकी मोहक वाणी के मोहपाश में बँध गए और उन्हें अपने कहे गए शब्दों पर अत्यंत ग्लानि हुई। उन्हें महसूस हो गया कि जिस व्यक्ति

को देखकर वे बातें कर रहे थे, उनका उन बातों से कोई लेना-देना नहीं है। उनके मन-मस्तिष्क में केवल एक भावना है और वह है लोक-कल्याण की भावना। इसके बाद उन व्यक्तियों ने अपने मन में संकल्प किया कि आगे से वे कभी किसी की वेशभूषा को देखकर उसपर व्यंग्य नहीं करेंगे।

□

ओजस्वी वाणी

स्वामीजी शिकागो शहर में अपना वक्तव्य देने के लिए गए हुए थे। ऐसा माना जाता है कि ईसाई धर्म को विश्व में प्रसिद्ध करना ही इस महासभा के अधिवेशन का उद्‌देश्य था। सभी वक्ता अपनी-अपनी तैयारी करके आए हुए थे। सभी ने अपने रटे-रटाए और याद किए हुए भाषण को मंच पर बोला। जब स्वामीजी की बारी आई तो वे अपने विचारों और ज्ञान को वहाँ उपस्थित लोगों के सामने रखते गए। जैसे-जैसे उनके बोलने का क्रम बढ़ता रहा, वैसे-वैसे वहाँ उपस्थित समूहजन पूरी तरह से उनकी ओजस्वी वाणी के मोहपाश में बँध गया। उनके चमत्कृत शब्दों ने वहाँ उपस्थित लोगों की विचारधारा को बदल दिया। जिस महासभा का उद्‌देश्य संपूर्ण विश्व में ईसाई धर्म का प्रचार-प्रसार करना था, वह अब धर्म से हटकर लोक-कल्याण और समूची मानवजाति के कल्याण पर केंद्रित हो गया। सभी बार-बार स्वामीजी को सुनने के लिए बेचैन थे।

उनकी वाणी के मोहपाश में लोग इस कदर बँध गए थे कि अन्य वक्ता का भाषण आरंभ होने पर श्रोतागण बातों और गप्पशप में मशगूल हो जाते अथवा वहाँ से जाने के लिए उठने लगते। यह देखकर श्रोतागणों को रोकने के लिए आयोजकों को बोलना पड़ता कि पीछे से स्वामी विवेकानंद का एक भाषण होगा। स्वामीजी के भाषण का मोह ही उन्हें अन्य वक्ताओं को सुनने के लिए मजबूर करता और लोग पहले की भाँति निश्चित होकर धैर्यपूर्वक

अन्य वक्ताओं का भाषण भी सुनने लगते। इस प्रकार यदि यह कहा जाए कि उस महासभा का आयोजन स्वामीजी की ओजस्वी वाणी के कारण ही सफल हो पाया तो कोई अतिशयोक्ति नहीं होगी। स्वामीजी के भाषण का जादू समूचे विश्व में प्रसिद्ध हो गया।

□

सर्वश्रेष्ठ दान विद्यादान

यह घटना तब की है, जब स्वामीजी लंदन में थे। एक दिन एक संभ्रांत महिला के घर पर लंदन के अध्यापकों की सभा होनेवाली थी। वह महिला शिक्षा के विषय पर बड़ा अधिकार रखती थीं। उन्हें शिक्षा संबंधी विषयों का काफी ज्ञान था। सभा में शिक्षा का विस्तार करने के लिए जनसमूह वहाँ उपस्थित था। सभी अध्यापकगण महिला का भाषण सुनने के बड़े इच्छुक थे। सभी विद्वज्जन वहाँ पर शिक्षा के विषय पर तर्क और बहस करने के मकसद से एकत्र हुए थे। अचानक सभा आरंभ होने से कुछ देर पहले महिला की तबीयत खराब हो गई। उन्हें बोलने में अत्यंत कष्ट हो रहा था। अब तो वहाँ उपस्थित सभी लोगों को बड़ी चिंता हुई कि सभा कैसे चलेगी? ऐसे में सभा की विफलता निश्चित थी।

संयोगवश उस समय वहाँ पर स्वामीजी भी उपस्थित थे। यह देखकर सभी लोगों ने उनसे अनुरोध किया कि ऐसे नाजुक समय में वे सभा को सँभालें और अपने वक्तव्य से सभा की सार्थकता सिद्ध करें। उन्होंने अवसर की नजाकत को समझा और उठ खड़े हुए। उस दिन सभा का विषय शिक्षा पर ही था। इसलिए स्वामीजी ने भारत की शिक्षा-प्रणाली पर पांडित्यपूर्ण भाषण दिया। वहाँ उपस्थित सभी अध्यापकगण यह सुनकर चकित रह गए कि भारत में दान में विद्यादान को सर्वश्रेष्ठ माना गया है और भारतीय गुरु अपने विद्यार्थियों से कुछ लेता नहीं, बल्कि उन्हें अपने घर पर रखता है तथा विद्यादान के साथ-साथ भोजन व वस्त्र भी देता है।

विद्या ग्रहण करने के बाद शिष्यों को भी यह शिक्षा दी जाती है कि वे अर्जित की गई शिक्षा का प्रचार-प्रसार अशिक्षितों को शिक्षित करने में करें। भारत के इस सर्वश्रेष्ठ दान को सुनकर वहाँ उपस्थित सभी अध्यापक जन अत्यंत प्रभावित हुए और उन्होंने भी अपने में यह संकल्प किया कि वे भविष्य में न केवल विद्यार्थियों, अपितु हर जरूरतमंद व्यक्ति को विद्यादान देंगे, ताकि अपने जीवन और जन्म को सार्थक कर पाएँ।

□

शिक्षा के समर्थक

स्वामी विवेकानंद ने विश्व के समक्ष अध्यात्म का ज्ञान फैलाया। वे शिक्षा के प्रबल समर्थक थे। उनका मत था कि एक-एक बच्चे को शिक्षित होना चाहिए। शिक्षा के माध्यम से ही कोई भी राष्ट्र विकास कर सकता है और प्रगति के नए आयाम लिख सकता है। इसी उद्देश्य के साथ उन्होंने 'रामकृष्ण मिशन' की स्थापना की थी। एक पत्र में उन्होंने शिक्षा के महत्त्व को बताते हुए लिखा था, 'हमारे देश में हजारों एकनिष्ठ और त्यागी साधु हैं, जो गाँव-गाँव धर्म की शिक्षा देते फिरते हैं। यदि उनमें से कुछ लोगों को ऐहिक विषयों में भी प्रशिक्षित किया जाए तो गाँव-गाँव, दरवाजे-दरवजे जाकर वे केवल धर्म की शिक्षा ही नहीं देंगे, बल्कि ऐहिक शिक्षा भी दिया करेंगे। कल्पना कीजिए कि इनमें से एक-दो शाम एक मैजिक लैंटर्न, एक ग्लोब और कुछ नक्शे आदि लेकर किसी गाँव में गजाएँ। इसकी सहायता से वे अनपढ़ लोगों को बहुत कुछ गणित, ज्योतिष और भूगोल सिखा सकते हैं। जितनी जानकारी वे गरीब जीवन भर पुस्तकें पढ़ने से न पा सकेंगे, उससे कहीं सौ गुनी अधिक वे इस तरह बातचीत द्वारा पा जाएँगे।'

विवेकानंद के इन शब्दों ने भारतीय जन को ज्ञान के सागर में उँड़ेलने का प्रयास किया। उन्होंने सुप्त मानवता में जागरूकता की लहर उत्पन्न की। इसी जागरूकता के बल पर गुलाम देश में देशभक्ति और स्वतंत्रता के बिगुल बजे और इतिहास इस बात का साक्षी है कि युगपुरुष स्वामी विवेकानंद के वक्तव्यों ने भारतीय जन को ऐसा झकझोरा कि इस धरती ने ऐसे अनेक

देशभक्तों को उत्पन्न किया, जो देश की स्वतंत्रता की खातिर खुशी-खुशी शहीद हो गए। उन्होंने किताबी शिक्षा के बजाय व्यावहारिक शिक्षा पर बल दिया। व्यावहारिक शिक्षा व्यक्ति को अधिक प्रेरित करती है और परेशानियों व मुसीबतों से लड़ने के लिए शारीरिक व मानसिक रूप से तैयार करती है। आज यदि हर शिक्षित व्यक्ति व्यावहारिक शिक्षा का प्रयोग करे तो देश फिर से सोने की चिड़िया में परिवर्तित हो सकता है।

□

रामकृष्ण मिशन की स्थापना

स्वामी विवेकानंद अपने गुरु रामकृष्ण परमहंस से अत्यधिक प्रभावित थे। स्वामी रामकृष्ण परमहंस ने विवेकानंद के अंदर छिपी प्रतिभा को पहचाना और उनके अंदर के ज्ञान व अध्यात्म को संपूर्ण विश्व के समक्ष उजागर किया था। जब स्वामी विवेकांनद संपूर्ण विश्व में ज्ञान और अध्यात्म की अलख जगाकर भारत वापस लौटे तो उन्होंने अपने गुरु के विचारों और संदेशों को जन-जन तक फैलाने के लिए भारत के आध्यत्मिक और सांस्कृतिक विकास के लिए 'रामकृष्ण मिशन' की स्थापना की। इसकी स्थापना के लिए उन्होंने एक स्थान पर आत्मीय जनों और परमहंस के शिष्यों को आमंत्रित किया। सबके वहाँ पहुँचने के बाद वे उनसे बोले कि एक ऐसी संस्था का निर्माण किया जाए, जो सभी तरह के भेदभावों से ऊपर उठकर पूरे विश्व में अध्यात्म और मानवसेवा के लिए कार्य करे।

विवेकानंद की यह बात कुछ गुरुभाइयों को उचित नहीं लगी। उन्होंने अपना मत रखते हुए कहा कि 'गुरु रामकृष्ण परमहंस की साधना तो ऐसी नहीं थी। कहीं ऐसा करके हम उनकी राह से भटक न जाएँ?' इस पर स्वामी विवेकानंद ने गुरुभाइयों को समझाते हुए कहा कि उनके गुरु रामकृष्ण परमहंस की साधना ऊपर से देखने पर एकांतिक भले ही लगती हो, पर उनके हृदय में पूरी मानवता का दर्द बसा था, इसलिए यह संस्था केवल धर्म और अध्यात्म की गतिविधियों तक सीमित न रहकर मानवता की सेवा को अपना लक्ष्य मानेगी। अगर हम दुःखी और पीड़ित लोगों की मदद नहीं करते तो हमारे

अध्यात्म की यह एकांत साधना अधूरी और निष्ठुर कही जाएगी।

अंत में विवेकानंद के सब गुरुभाइयों को यह मानना पड़ा कि मानवता के कल्याण में ही आध्यत्मिक और धार्मिक कल्याण है। इस प्रकार रामकृष्ण मिशन की स्थापना हुई। इस मिशन में धर्म और अध्यात्म की साधना के साथ-साथ मानवसेवा के बड़े उद्देश्य को भी रखा गया। कुछ ही समय बाद असंख्य युवा इस मिशन से जुड़ते चले गए और इसकी असंख्य शाखाएँ देश-विदेश में फैल गईं।

□

भारत का अध्यात्म

स्वामी विवेकानंद ने अपने मन में दृढ़ निश्चय कर लिया था कि वे भारतीय ज्ञान को विश्वपटल पर स्थापित करेंगे और जिस ज्ञान व अध्यात्म की जोत भारत में जगी है, उसे पूरे विश्व में स्थापित करेंगे, ताकि पूरा विश्व एक परिवार में परिवर्तित होकर मानव-कल्याण के लिए कार्य करे। कहीं पर धर्म या संप्रदाय के नाम पर झगड़े न हों। हर ओर ज्ञान व अध्यात्म का प्रकाश आलोकित होता रहे। जब वे पश्चिम में गए तो वहाँ लोग अकसर उनसे तरह-तरह के प्रश्न किया करते थे।

एक बार एक व्यक्ति ने उनसे प्रश्न किया कि वे भारत से उन्हें देने के लिए क्या लाए हैं? इस पर स्वामी विवेकानंद ने सहजता से मुसकराकर कहा, 'भारत के पास अध्यात्म में सारी दुनिया को देने के लिए बहुत कुछ है। दूसरी ओर पश्चिम ने भौतिक तरक्की बहुत की है, जिसकी भारत में कमी है। इसलिए मैं भारत से अध्यात्म यहाँ लाया हूँ और बदले में यहाँ से धन लेकर जाऊँगा, ताकि मेरे देश के लोगों की कुछ सहायता हो सके।'

वहाँ उपस्थित लोग स्वामी विवेकानंद के मुख से यह सुनकर गद्गद हो उठे। एक व्यक्ति बोला, 'स्वामीजी, आप धन्य हैं, आपके देश में ज्ञान और अध्यात्म का अथाह भंडार है तो पश्चिम में तकनीक और भौतिक तरक्की के मार्ग खुले हैं। आप दोनों को एक-दूसरे की बेहतर गुणवत्ता के आदान-प्रदान करने के लिए प्रेरित कर रहे हैं। निश्चित रूप से आपका यह कार्य अत्यंत सराहनीय है। वहाँ उपस्थित सभी व्यक्ति यह जानकर दंग रह

गए और उन्होंने अपने मन में संकल्प किया कि वे भी स्वामी विवेकानंद के उद्देश्य को पूर्ण करने में अपना अधिक-से-अधिक सहयोग करेंगे। यही कारण था कि स्वामी विवेकानंद के शिष्यों में अधिकतर विदेशी उनके परम अनुयायी बन गए थे।

□

मानव का जीवन

यह घटना उस समय की है, जब स्वामी विवेकानंद ने रामकृष्ण मिशन की स्थापना कर उस मिशन को अध्यात्म और धर्म के साथ-साथ मानव-कल्याण से जोड़ दिया था। एक बार बंगाल में प्लेग फैलने के साथ ही भीषण अकाल पड़ा। अकाल और प्लेग की महामारी ने समूची जनता में त्राहि-त्राहि मचा दी। हर ओर दुःख, बीमारी और मृत्यु के कारण हाहाकार मच गया। हर घर से विलाप की करुण आवाजें हृदय को भेदने लगीं। यह देखकर स्वामी विवेकानंद अत्यंत व्यथित हो गए। उन्होंने रामकृष्ण मिशन को पूरी तरह दीन-दुखियों और पीड़ितों की सेवा में लगा दिया तथा स्वयं भी पीड़ितों की सहायता में जुट गए।

अकाल और महामारी के समय वे स्वयं सभी कार्यों की निगरानी कर रहे थे। भूख और बीमारी से दम तोड़ते लोगों का करुण क्रंदन हर किसी को झकझोर रहा था। वक्त की नजाकत को समझते हुए स्वामी विवेकानंद ने अपने गुरुभाइयों और शिष्यों से कहा कि अगर जरूरत पड़े तो मठ की जमीन को भी बेच दो। उसे बेचकर जो धन मिले, उससे अकालग्रस्त और महामारी से पीड़ित लोगों की मदद करो। इस समय इन लोगों की मदद से बढ़कर कोई और कार्य नहीं है। हम अपना सर्वस्व समर्पण करके ही मानव को बचाने में कामयाब हो सकते हैं।

इस पर उनके एक शिष्य ने कहा, 'पर स्वामीजी, मठ की जमीन तो ईश-आराधना के लिए है, ऐसे में उसे बेचकर ईश्वर का मंदिर कहाँ स्थापित

होगा? जमीन बेचने पर इनकी मदद तो हो जाएगी, लेकिन मंदिर कैसे बन पाएगा?' इस पर स्वामी विवेकानंद ने कहा, 'इस समय दीन-दुखियों की मदद ज्यादा जरूरी है, क्योंकि जीवित मनुष्य से बढ़कर ईश्वर का कोई और मंदिर नहीं हो सकता। ईश्वर इन्हीं व्यक्तियों के हृदय में विराजमान है।' यह सुनकर शिष्य दंग रह गया और उनकी महानता के आगे नतमस्तक हो गया।

□

भारत के आध्यात्मिक दूत

विश्वधर्म सम्मेलन में शामिल होने के लिए स्वामी विवेकानंद को अत्यंत परेशानियों और कष्टों का सामना करना पड़ा था। वे विदेश में किसी से भी परिचित नहीं थे। उस समय उन्हें भी वहाँ कोई नहीं पहचानता था, लेकिन उनके मन में भारत के ज्ञान और शिक्षा को विश्व मंच पर स्थापित करने की इच्छा बलवती थी। आखिर अपने संघर्षों और कठोर श्रम से विजय उनकी ही हुई। जी-तोड़ प्रयासों के बाद उन्हें विश्व सम्मेलन में उपस्थित होने का अवसर मिल गया। शिकागो के विश्वधर्म सम्मेलन में स्वामी विवेकानंद के शब्दों ने वहाँ उपस्थित भारी जनसमूह को झूमने पर मजबूर कर दिया।

इस सम्मेलन के बाद असंख्य पत्रकारों ने आपस में विचार-विमर्श किया। कई अमरीकी समाचार-पत्रों ने तो यहाँ तक लिखा कि 'उन्हें सुनने के बाद हम अनुभव करते हैं कि भारत जैसे ज्ञानी राष्ट्र को मिशनरी भेजना कितनी बड़ी मूर्खता है।' इसके बाद उन्हें भारत के प्रतिनिधि के रूप में स्वीकार कर लिया गया। यह विवेकानंद के साथ ही भारत की बहुत बड़ी जीत थी। विश्वधर्म सम्मेलन के बाद स्वामीजी जहाँ-जहाँ गए, वहाँ-वहाँ उनका भव्य स्वागत हुआ। अचानक जनसमूह में से किसी के मुख से निकला कि यह व्यक्ति तो भारत का सांस्कृतिक और आध्यात्मिक दूत बनकर आया है। उस व्यक्ति के मुख से निकली बात शीघ्र ही सब जगह पर फैल गई और स्वामी विवेकानंद को भारत का आध्यात्मिक दूत कहा जाने लगा।

स्वामी विवेकानंद ने इस बात को सहर्ष स्वीकार किया और उन्होंने

संपूर्ण विश्व के समक्ष यह कहा कि 'आज भारत भले ही पराधीनता के कष्ट झेल रहा हो, पर वह एक महान् देश है, जिसका महान् अतीत और एक गौरवशाली इतिहास है। भारत के पास आज भी बहुत कुछ ऐसा बचा हुआ है, जिससे सारा संसार शिष्य की तरह उससे बहुत कुछ ले सकता है। दुनिया का उद्धार भारत द्वारा दिखाए गए धर्म और अध्यात्म के पथ पर चलकर ही हो सकता है।' इस आध्यात्मिक दूत की बातें विश्व की समझ में आने लगीं और अनेक विदेशी उनके अनुयायी बनकर इस ज्ञान को धरा पर स्थापित करने में जुट गए।

□

स्वामीजी जैसे बालक की कामना

यह घटना उस समय की है, जब स्वामीजी अमरीका गए हुए थे। एक महिला स्वामीजी के व्यक्तित्व और बुद्धि से अत्यंत प्रभावित थी। एक दिन वह उनके पास आई और बोली, 'स्वामीजी, मैं आपसे विवाह करना चाहती हूँ।' महिला की बात सुनकर स्वामीजी ने कहा कि वह उनसे ही विवाह की इच्छुक क्यों है ? इस पर वह महिला बोली, 'मैं आपकी बुद्धि से बहुत अधिक प्रभावित हूँ। मैं चाहती हूँ कि आप जैसा बुद्धिमान बच्चा मेरा भी हो।' स्वामीजी बोले, 'मैं आपकी इच्छा को समझता हूँ। विवाह करना, इस दुनिया में एक बच्चा लाना और फिर यह जानना कि वह बुद्धिमान है कि नहीं, इसमें बहुत समय लगेगा। फिर बालक बुद्धिमान होगा भी या नहीं, इस बात की भी गारंटी नहीं है। इसकी बजाय आपकी इच्छा को तुरंत पूरी करने के लिए मैं आपको एक बेहतरीन सुझाव दे सकता हूँ।'

स्वामीजी की बातें सुनकर वह महिला अचरज से उन्हें देखते हुए बोली, 'स्वामीजी, क्या आप मेरी इस इच्छा को तुरंत पूरी कर सकते हैं, पर कैसे ? फिलहाल यह तो नितांत असंभव है।' स्वामीजी मुसकराकर बोले, 'देवी, कतई असंभव नहीं है। बस इसके लिए आपको मुझे अपने बच्चे के रूप में स्वीकार करना होगा। इस तरह आप मेरी माँ बन जाएँगी और मेरे जैसा बुद्धिमान बच्चा पाने की आपकी इच्छा भी पूरी हो जाएगी।'

स्वामीजी का जवाब सुनकर वह महिला दंग रह गई और उनके सामने

नतमस्तक होते हुए बोली, 'स्वामीजी, धन्य हैं आप और आपकी संस्कृति, जो हर महिला को सम्मान देती है, उन्हें सही दिशा दिखाती है। आज आपकी विद्वत्ता और स्पष्टता ने न सिर्फ मुझे गद्‌गद कर दिया है, अपितु जीने की नई दिशा दिखाई है।' इसके बाद वह स्वामीजी के चरण छूकर आगे बढ़ गई।

□

काम का छोर

एक बार खेतड़ी नरेश ने स्वामीजी को अपने निवास पर भोजन के लिए आमंत्रित किया। स्वामी विवेकानंद ने उनके निमंत्रण को स्वीकार कर लिया और निश्चित समय पर उनके निवास-स्थल पर पहुँच गए। वहाँ पर उनका समुचित आतिथ्य-सत्कार किया गया। खेतड़ी नरेश ने उनकी अच्छी तरह आवभगत की। उनसे अनेक विषयों पर बातचीत की और गंभीर मुद्दों पर चिंतन किया। भोजन की तैयारी हो जाने पर खेतड़ी नरेश ने स्वामीजी से भोजन-कक्ष में चलने का आग्रह किया। स्वामीजी को खिचड़ी बहुत पसंद थी। इसलिए उनके लिए विशेष रूप से स्वादिष्ट खिचड़ी पकाई गई थी।

स्वामीजी के आगे गरम-गरम खिचड़ी परोसी गई। स्वामीजी काफी देर तक खेतड़ी नरेश के साथ बातों में लीन थे, इसलिए खिचड़ी की सुगंध ने उनकी भूख को बढ़ा दिया। उन्होंने तुरंत बिना देर किए थाली के बीच में ही हाथ डाल दिया। खिचड़ी बेहद गरम थी। इस कारण स्वामीजी की उँगलियाँ जल गईं। अवसर की नजाकत को देखते हुए राजा ने स्वामीजी से कहा, 'गरम खिचड़ी को बीच में से न खाकर हमेशा किनारे से ही खाना चाहिए।' राजा की बात सुनकर स्वामीजी मुसकराने लगे। इसके बाद उन्होंने खिचड़ी को किनारे से खाना प्रारंभ किया। भोजन समाप्त होने के पश्चात् स्वामीजी ने राजा से विदा लेनी चाही। राजा उन्हें विदा करने के लिए रवाना हुए।

जब स्वामीजी विदा होने लगे तो वे अचानक राजा की तरफ मुड़कर बोले, 'राजन्, आज तो हमें खिचड़ी से भी ज्ञान प्राप्त हो गया है कि कोई

भी काम बीच से न शुरू करके एक छोर से ही करना चाहिए। आज का यह सारगर्भित ज्ञान हमारे जीवन में बहुत काम आएगा।' स्वामीजी के द्वारा कही गई यह बात सत्य साबित हुई। इसके बाद उन्होंने जिस भी कार्य को करने का बीड़ा उठाया, उसे प्रारंभ से अंत तक पूरा करके ही दम लिया।

□

सटीक निशाना

एक बार स्वामी विवेकानंद अमरीका में भ्रमण कर रहे थे। एक स्थान से गुजरते हुए उन्होंने देखा कि कुछ लड़के पुल पर खड़े हुए हैं और नदी में तैर रहे अंडों के छिलकों पर बंदूक से निशाना लगा रहे हैं, लेकिन उनका कोई भी निशाना अचूक नहीं था। यह देखकर स्वामीजी जिज्ञासावश वहीं खड़े हो गए। जब कोई भी लड़का अचूक निशाना नहीं लगा पाया तो वे उन लड़कों के पास गए और बोले, 'आप सभी ने निशाना लगाने का प्रयत्न किया, लेकिन किसी का भी निशाना सटीक नहीं था। जरा कुछ देर के लिए यह बंदूक मुझे दीजिए।'

लड़कों ने स्वामीजी को एक नजर देखा और बंदूक उनके हाथ में थमा दी। इसके बाद उन्होंने नदी में तैरते हुए छिलकों को ध्यान से देखा और कुछ पलों तक एकटक देखते हुए उनपर निशाना लगाया। सारे लड़के यह देखकर चौंक पड़े कि स्वामीजी का पहला निशाना ही अचूक था। इसके बाद उन्होंने इसी तरह एक के बाद एक कुल बारह निशाने लगाए और सारे-के-सारे एकदम सटीक लगे। इसके बाद उन्होंने बंदूक लड़कों को वापस कर दी।

लड़के बंदूक लेते हुए बोले, 'यह तो अत्यंत हैरानी की बात है कि हम सभी ने इतनी देर से निशाना लगाने की कोशिश की, लेकिन किसी का भी निशाना सटीक नहीं था, जबकि आपके सारे निशाने बिल्कुल अचूक थे। आखिर हमारे निशान सटीक क्यों नहीं थे?' इस पर स्वामीजी मुसकराकर बोले, 'ऐसा इसलिए था, क्योंकि तुम्हारा दिमाग तुम्हारे काम में नहीं था।

जिस समय तुम जो भी काम कर रहे हो, उस समय अपना पूरा दिमाग उसी काम में लगाओ। अगर तुम निशाना लगा रहे हो तो तुम्हारा पूरा ध्यान सिर्फ अपने लक्ष्य पर होना चाहिए। तब तुम कभी नहीं चूकोगे। अगर तुम अपना पाठ पढ़ रहे हो तो सिर्फ पाठ के बारे में सोचो। मेरे देश में बच्चों को यही करना सिखाया जाता है।'

लड़कों ने स्वामीजी से कहा कि आगे से वे अपने काम पर पूरा ध्यान लगाएँगे और अपने लक्ष्य से चूकेंगे नहीं। उनका जवाब सुनकर स्वामीजी आगे बढ़ गए।

डर का सामना

यह प्रसंग उस समय का है, जब स्वामीजी बनारस में थे। एक दिन स्वामीजी बनारस में स्थित प्रसिद्ध दुर्गा मंदिर के पास से जा रहे थे। उस मंदिर के आस-पास बंदरों का जमावड़ा रहता था। बंदर उछल-कूद और चहलकदमी करते रहते थे। वहाँ से गुजरनेवाले पथिक उनपर ध्यान दिए बिना अपने-अपने मार्ग पर बढ़ जाते थे। स्वामीजी ने ढेर सारे बंदरों को देखा। उनकी नजर बंदरों की गतिविधियों पर चली गई। बंदरों ने स्वामीजी को अपनी ओर देखते हुए पाया तो वे उनके इर्द-गिर्द जमा हो गए। यह देखकर स्वामीजी अत्यंत भयभीत हो गए और उनसे पीछा छुड़ाने के लिए वहाँ से भागने लगे।

स्वामीजी भागते-भागते पीछे मुड़कर देखते कि शायद बंदर चले गए हों, लेकिन वे यह देखकर और अधिक भयभीत हो जाते कि बंदर भी उनके पीछे दुगनी गति से खों-खों करते हुए दौड़ते आ रहे हैं। स्वामीजी को तेजी से भागते देखकर एक वृद्ध संन्यासी उनसे बोला, 'पुत्र, इतनी तेजी से क्यों दौड़ रहे हो?' स्वामीजी हाँफते हुए बोले, 'बाबा, बंदरों का झुंड मेरे पीछे पड़ा हुआ है।' वृद्ध संन्यासी ने स्वामीजी के पीछे लगे बंदरों को देखा तो वे उनसे बोले, 'रुको। भागो मत, उनका सामना करो। जितना तुम उनसे डरकर भागोगे, वे तुम्हें उतना ही डराएँगे और जितना तुम उन्हें डराओगे, वे तुमसे डरकर दूर हो जाएँगे।'

वृद्ध संन्यासी की बात मानकर स्वामीजी रुककर बंदरों की तरफ बढ़ने लगे। बंदर उन्हें अपनी तरफ बढ़ते हुए देखकर पीछे होने लगे और कुछ देर

में ही वहाँ से भाग गए। इस घटना ने स्वामी विवेकानंद को बहुत बड़ी सीख दी और उन्हें डर से सामना करना सिखाया। कई वर्षों बाद उन्होंने इस घटना से शिक्षा लेकर एक संबोधन में कहा, 'यदि तुम कभी किसी चीज से भयभीत हो तो उससे भागो मत, पलटो और सामना करो।' स्वामीजी के जीवन में घटे छोटे-छोटे प्रसंगों ने उन्हें न सिर्फ ज्ञान प्रदान किया, बल्कि सफलता के शिखर पर पहुँचा दिया।

□

नारी की उन्नति

स्वामी विवेकानंद ने विश्व में आध्यात्मिक संदेश और भारतीय संस्कृति की विशालता को उजागर किया। उनका मकसद था कि पूरा विश्व भाई-बहन की तरह रहे। सब जगह उन्नति हो, सभी देश एक-दूसरे की प्रगति, सार्थक बातों को ग्रहण करें और अपनी कमजोरियों को दूर करें। ऐसा करके ही मानव और मानवता का कल्याण संभव है। वे शिक्षा के प्रबल समर्थक थे और बालक व बालिकाओं को समान रूप से शिक्षा देने के पक्षधर थे। उनका मानना था कि स्त्री जाति की प्रगति के बिना भारत कभी भी विकास नहीं कर सकता। देश की आधी आबादी महिलाओं की है, जब तक आधी आबादी शिक्षित व परिपक्व नहीं होगी, तब तक देश उन्नति नहीं कर पाएगा।

इसके साथ ही वे नारी जाति के सम्मान पर भी बल देते थे। उनका कहना था कि उस देश या राष्ट्र के महान् बनने की कोई आशा नहीं की जा सकती, जहाँ नारी जाति का सम्मान न होता हो। वे अकसर कहते थे कि 'भारत की आवश्यकताओं को ध्यान में रखते हुए हमें ऐसी महान् निर्भीक स्त्रियों की आवश्यकता है, जो संघमित्रा, अहल्याबाई, सीता, सावित्री, अनसूया, दमयंती, मीराबाई, झाँसी की रानी जैसी महान् नारियों द्वारा प्रतिपादित परंपराओं के अनुरूप आचरण कर सकें।'

वे भारतीय नारी को निर्भीक, चरित्रवान, त्यागमयी, परोपकारी और धर्मपरायण बनने पर बल देते थे। वर्तमान समय में युवावर्ग में नारी जाति के

प्रति सम्मान की दृष्टि हेय होती जा रही है। आज स्वामीजी के जीवन-मूल्यों को भारत के हर युवा के हृदय में तेजी से स्थापित करने की आवश्यकता है, ताकि देश में नारी स्वयं को सुरक्षित और सम्मानित महसूस कर सके। नारी को सम्मान व सुरक्षा प्रदान करके ही देश को उन्नति के शिखर पर पहुँचाया जा सकता है। आज बचपन से ही स्वामी विवेकानंद के कार्यों और प्रसंगों को बच्चों को सुनाना अत्यंत आवश्यक है।

□

निम्न जाति का सम्मान

बात उस समय की है, जब स्वामीजी भारत-भ्रमण के समय खंडवा पहुँचे थे। स्वामीजी अत्यंत संवेदनशील और करुणा के भंडार थे। एक दिन उन्होंने देखा कि उनके सामने से एक व्यक्ति मैले-कुचैले फटे हुए कपड़े पहने चिल्लाता हुआ भाग रहा है। उसकी दशा देखकर स्वामीजी अत्यंत द्रवित हो गए। उन्होंने उसे इस हालत में भागते देखकर अपने चारों ओर देखा। कुछ दूर उन्हें एक व्यक्ति खड़ा नजर आया। वह उसके पास पहुँचे और बोले, 'यह व्यक्ति चिल्लाते हुए क्यों भाग रहा है?' वह व्यक्ति बोला, 'स्वामीजी, दरअसल यह व्यक्ति अछूत व नीची जाति का है, इसकी छाया किसी संभ्रांत व सवर्ण वर्ग के व्यक्ति पर न पड़ जाए, इसलिए यह जोर-जोर से चिल्ला रहा है, ताकि इसके चिल्लाने के संकेत से स्वर्ण व संभ्रांत व्यक्ति समझ जाएँ कि सड़क पर निम्न जाति का व्यक्ति जा रहा है।'

उस व्यक्ति की बात से स्वामीजी को बेहद दुःख हुआ। उनका हृदय गरीबों और पद-दलित लोगों के प्रति सहानुभूति से भर गया, नेत्रों से अश्रुधारा बहने लगी। उन्होंने स्वयं से प्रश्न किया कि यह कैसा देश है, जहाँ मनुष्य पशुओं के साथ तो रह सकता है, परंतु मनुष्य की छाया से भी दूर भागता है, सिर्फ इसलिए कि दूसरा मनुष्य निम्न जाति का है। यह निम्न व उच्च जाति क्या है? इस घटना के बाद उन्होंने अपने मन में दृढ़ निश्चय कर लिया कि वे निम्न जाति के उत्थान के लिए कार्य करेंगे और लोगों को समझाएँगे कि जाति-भेद केवल मनुष्य में वैमनस्यता उत्पन्न करता है। देश की प्रगति

और मानव-कल्याण के लिए व्यक्ति विशेष को जाति और लिंगभेद जैसी भावना से ऊपर उठना होगा। इसके बाद उन्होंने सनातन हिंदू धर्म में आई संकीर्णताओं और रूढ़ियों का तिरस्कार करने के लिए समूची भारतीय जाति को जाग्रत् किया।

□

समाधि का सुख

यह घटना उस समय की है, जब स्वामी विवेकानंद अपने गुरु रामकृष्ण परमहंस की शरण में आ गए थे। रामकृष्ण परमहंस ने स्वामी विवेकानंद के अंदर छिपे गूढ़ व्यक्तित्व को पहचान लिया था, इसलिए उन्होंने भारत के स्वर्णिम भविष्य के निर्माण की जिम्मेदारी उनके कंधों पर डाली थी। विवेकांनद अकसर अपने गुरु भाइयों के साथ ध्यान में बैठते थे। एक दिन उन्होंने परमहंसजी से कहा, 'महाराज, मुझे निर्विकल्प समाधि का सुख अभी तक नहीं मिला। आखिर वह दिन कब आएगा, जब मैं समाधि में इतना लीन हो जाऊँगा कि मुझे किसी भी बात का भान नहीं रहेगा।'

विवेकानंद की बात सुनकर परमहंसजी बोले, 'इसके बारे में मैं क्या कह सकता हूँ? माँ की जैसी इच्छा होगी, वैसा ही होगा। बस तुम अपने कार्य और लक्ष्य की ओर बढ़ते रहो। वह क्षण भी शीघ्र ही आ जाएगा।' इसके कुछ दिनों बाद एक दिन विवेकानंद अपने गुरुभाइयों के साथ ध्यान करने बैठ गए। कुछ ही देर में वे इतने ध्यानमग्न हो गए कि उन्हें अपनी देह का कोई बोध ही नहीं रहा। उनके गुरुभाई उन्हें हैरानी से देख रहे थे। उन्होंने विवेकानंद को हिलाने-डुलाने का प्रयत्न किया, लेकिन वे तो समाधिस्थ हो चुके थे।

यह देखकर उनके गुरुभाई भागे-भागे परमहसंजी के पास गए और उन्हें यह बात बताई तो वे बोले, 'ठीक है, वह बहुत समय से मुझे तंग कर रहा था।' काफी देर बाद जब विवेकानंद को देह का भान हुआ तो उनकी आँखों से आँसू बहने लगे। उनका तन-मन आनंद-विभोर था। वह दौड़कर

परमहंसजी के पास पहुँचे। परमहंसजी स्वामीजी की अवस्था देखकर सबकुछ जान चुके थे। वे बोले, 'क्यों, आज तो माँ ने तुझे सबकुछ दिखा दिया। आज तो तुझे समाधि का सुख मिल गया।' विवेकानंद परमहंसजी के चरणों को स्पर्श करते हुए बोले, 'हाँ गुरुजी, आज मुझे समाधि का सुख मिल गया है।'

□

व्यक्तित्व का स्वरूप

भगिनी निवेदिता भारतीय संस्कृति और विवेकानंद के द्वारा प्रदान किए गए आध्यात्मिक ज्ञान में आकंठ डूबी हुई थीं। उन्हें भारत के जीवन-मूल्य अमूल्य और अलौकिक लगने लगे थे, लेकिन भारत आकर आध्यात्मिकता के पथ पर चलना उन्हें मुश्किल लग रहा था। वे इसी बारे में स्वामी विवेकानंद से चर्चा कर रही थीं। स्वामी विवेकानंद स्वाभाविक मुसकान के साथ निवेदिता की बातों को सुन रहे थे। उनकी बातें सुनने के बाद वे निवेदिता से बोले, 'बड़े तत्त्व की उपलब्धि के लिए छोटे को अपना अस्तित्व दाँव पर लगाना ही पड़ेगा।'

इस पर निवेदिता बोलीं, 'स्वामीजी, मैं भारतीय नहीं हूँ। इसलिए अपने अस्तित्व की एक अलग इकाई निरूपित करना चाहती हूँ।' निवेदिता की बात पर स्वामीजी मुसकराकर बोले, 'सुनो निवेदिता! एक दिन एक जल बिंदु अथाह सागर में गिरकर तुम्हारी ही तरह अपने अस्तित्व की समाप्ति महसूस करके रोने लगा। अपने स्वातंत्र्य के लिए वह व्याकुल हो उठा। उसकी अधीरता और भीतरी छटपटाहट देखकर गंभीर सागर हँस पड़ा। उससे कह उठा, परेशान क्यों हो रहे मेरे आत्मस्वरूप? मुझसे मिलकर तो तुम अपने असंख्य भाई-बहनों से मिल गए हो। मैं तुम सबसे मिलकर ही तो इस स्वरूप को बना पाया हूँ, अपनी अथाह जलराशिवाला स्वरूप। वास्तव में सागर तो तुम ही हो। यदि तुम मुझसे स्वतंत्रता ही चाहते हो तो सूर्य किरणों की सहायता से ऊपर उठकर बादलों की मदद लो। फिर वहाँ से आशीर्वाद के रूप में प्यासी

धरा पर उतर आओ। वर्षा की बूँदों की रिमझिम में बिखरते जनता-जनार्दन के आनंद में अपने अस्तित्व की महत्ता को रेखांकित कर परमानंद को पाओ।'

स्वामी विवेकानंद की बातें सुनकर भगिनी निवेदिता के अंतर्चक्षु खुल गए और उन्हें अपने व्यक्तित्व का नगण्य रूप सागर सा विराट् दिखाई देने लगा। उन्होंने स्वयं को मानव-कल्याण के लिए समर्पित कर दिया।

□

लक्ष्य की प्राप्ति

यह घटना उस समय की है, जब स्वामी विवेकानंद हिमालय की यात्रा कर रहे थे। मार्ग बहुत लंबा और कष्टकर था। अनेक भिक्षुक उनके साथ थे। सभी कठिन मार्ग पर पैदल चल रहे थे। उन्हीं भिक्षुकों की टोली में एक भिक्षु अत्यंत वृद्ध और कमजोर था। जब उसने अंतहीन मार्ग पर नजर डाली तो वह निराश हो थककर बैठ गया और अपने सिर पर हाथ रखते हुए बोला, 'ओह, मैं कैसे यह मार्ग पार कर पाऊँगा? मैं अब अधिक नहीं चल सकता। मेरा दम टूट रहा है। हाथ-पाँव काँपने लगे हैं और मेरे पूरे शरीर ने हार मान ली है। मैं अब आगे नहीं चल सकता।'

वृद्ध भिक्षु की बातें सुनकर स्वामी विवेकानंद बोले, 'बाबा, जरा आप अपने पैरों की ओर तो देखो।' स्वामी विवेकानंद की बातें सुनकर उस भिक्षु ने अपने पैरों की ओर देखा। पैरों को ध्यान से देखने पर बोला, 'मुझे तो कुछ खास नजर नहीं आ रहा। तुम क्या कहना चाहते हो?' स्वामी विवेकानंद बोले, 'यह सड़क, जो आपके पैरों के नीचे है, वही है, जिसको आपने अब तक पार किया है और वह सड़क, जो आप अपने सामने देख रहे हो, यह भी शीघ्र ही तुम्हारे पैरों के नीचे आ जाएगी।' स्वामी की ये बातें सुनकर वृद्ध भिक्षु एकाएक जैसे सोते से जागा और बोला, 'हाँ, तुम सही कह रहे हो। मैंने इन कमजोर और बूढ़े पैरों से ही इतनी लंबी यात्रा कर ली है। धीरे-धीरे जब आगे की यात्रा कर लूँगा तो वह सड़क सचमुच मेरे पैरों के नीचे ही आ जाएगी और इसी तरह मैं अपने लक्ष्य को पा लूँगा।'

यह कहकर वह वृद्ध आशा और आत्मविश्वास के साथ अन्य भिक्षुकों की टोली में जाकर आगे बढ़ने लगा। उसके कदम तेजी से सड़क को पार कर मंजिल पर जाने को आतुर नजर आ रहे थे। यह देखकर विवेकानंद मुसकराए और उनके साथ आगे बढ़ने लगे।

□

निवेदिता का नामकरण

यह घटना 25 मार्च, 1898 की है। उस दिन स्वामी विवेकानंद के संकेत पर मार्गरेट ने पूजा-गृह में प्रवेश किया और भगवान् शिव की आराधना की एवं बुद्ध भगवान् के चरणों में पुष्प अर्पित किए। इसके बाद उन्होंने स्वामी विवेकानंद से आशीर्वाद प्राप्त करने के लिए उनकी ओर अपना शीश नवाया। मार्गरेट को शीश नवाते देखकर स्वामी विवेकानंद बोले, 'जाओ, भावी जीवन में उस दिव्यात्मा का अनुसरण करो, जिसने दूसरों के कल्याणार्थ बोध प्राप्त करने से पूर्व बार-बार जन्म लेकर स्वयं का समर्पण किया था।' मार्गरेट ने झुककर स्वामीजी के चरणों में अपना प्रणाम व पुष्पांजलि अर्पण की। वहाँ उपस्थित जन समूह ने भी मर्गरेट का अभिनंदन किया।

मार्गरेट अब ईश्वर और अध्यात्म की संगति में निवेदित हो चुकी थीं। दीक्षा प्राप्त करने के उपरांत उनका नवीन नामकरण होना शेष था। आज स्वामी विवेकानंद के माध्यम से मार्गरेट के माता-पिता की इच्छा पूर्ण होने जा रही थी। जब मार्गरेट का जन्म नहीं हुआ था, उससे पूर्व उसके माता-पिता ने चर्च में जाकर प्रभु यीशु के समक्ष प्रार्थना की थी कि यदि हमारी प्रथम संतान ने सकुशल संसार में जन्म ले लिया तो हम उसे ईश्वर के कार्य के लिए ही निवेदित कर देंगे। यद्यपि इस समय उसके पिता जीवित नहीं थे, किंतु इतना अवश्य था कि विवेकानंद के माध्यम से मार्गरेट को लोक-कल्याण के कार्यों में लगे देखकर उनकी आत्मा संतुष्ट अवश्य होगी। इन्हीं सब बातों को ध्यान में रखते हुए स्वामी विवेकानंद ने घोषित किया कि आज से मार्गरेट का नया

नाम 'निवेदिता' होगा और उन्हें भविष्य में इसी नाम से जाना जाएगा। इस प्रकार निवेदित जीवन की प्रतीक मार्गरेट आज भगिनी निवेदिता के रूप में जानी जाती हैं। सभी भारतीयों के हृदयों में भगिनी निवेदिता के लिए एक अपूर्व स्थान है।

□

बाघा के लिए पितृतुल्य प्रेम

स्वामीजी ने बेलूर मठ में अनेक पशु-पक्षियों को पाला हुआ था। मठ के सभी जीव-जंतुओं में आपस में अत्यंत प्रेम था। उसी मठ में एक बाघा नाम का कुत्ता था। कुत्ते को यह नाम स्वामी विवेकानंद ने ही दिया हुआ था और वे उससे विशेष प्रेम करते थे। बाघा भी स्वामीजी से अत्यंत घुला-मिला था और उनके बेसब्री से मठ में आने की प्रतीक्षा करता रहता था। स्वामीजी जब भी मठ में होते तो बाघा उनके साथ-साथ रहता। एक बार स्वामीजी जब मठ में आए तो व्यस्त होने के कारण बाघा से मिल नहीं पाए। आवश्यक कार्य निबटाकर रात्रि में थककर वे सो गए। स्वामीजी ब्राह्ममुहूर्त में जाग जाते थे और नित्य प्रति बाहर टहलने जाया करते थे। उस दिन भी वह ब्राह्ममुहूर्त में उठे और टहलने के लिए तैयार हुए। तैयार होने के बाद जब उन्होंने दरवाजे खोले तो बाहर उनके कदम किसी कोमल वस्तु से टकराए। उन्होंने चौंककर को देखा तो वे दंग रह गए कि उनका प्रिय बाघा उनके पैर चाट रहा था। अपने प्रति बाघा के इतने अधिक स्नेह को देखकर स्वामी विवेकानंद भी द्रवित हो गए और उसकी पीठ पर हाथ फेरते हुए बोले, 'आखिर तुझसे रहा नहीं गया। मेरे आने की आहट पाते ही तू आ गया। कुछ खाया भी है या सारी रात ऐसे ही पड़ा रहा है।'

स्वामीजी की बातों पर बाघा भी अपनी भाषा में जवाब देता। उस समय ऐसा लग रहा था कि मानो स्वामीजी अपनी संतान से बातें कर रहे हों। स्वामीजी उसकी पीठ पर अपना हाथ फेरते रहे और बाघा भी अपनी पूँछ

हिलाकर उनके प्रति प्रेम प्रदर्शित करता रहा। इस प्रकार स्वामीजी के मन में हमेशा हर प्राणी और जीव-जंतु के लिए कोमल प्रेमभाव रहते थे। स्वामीजी से प्रेम की अनुभूति पाकर बाघा अत्यंत संतुष्ट लग रहा था।

□

बतख की पीड़ा

बेलूर मठ में अनेक गाएँ, बतखों का समूह, भेड़ें-बकरियाँ और उनके बच्चे रहते थे। सभी से स्वामीजी के अभिन्न संबंध थे। स्वामीजी जब भी मठ में उपस्थित रहते, तब अकसर उनका प्रेम सभी पशु-पक्षियों के साथ देखा जा सकता था। वे अकसर मठ के इन प्राणियों से बातें करते हुए, किसी की पीठ पर हाथ फेरते हुए, किसी की सेवा करते हुए तथा किसी के साथ खेलते हुए नजर आ जाते थे।

एक दिन मठ में रहनेवाली एक बतख के पंख गिरने लगे। अपने पंखों के गिरने के कारण वह बतख निढ़ाल सी रहती। वह न ही सही से तैर पाती थी और न ही अपनी अन्य बतख सखियों के साथ उछल-कूद कर पाती थी। तालाब के एक ओर वह उदास सी बैठी रहती और अपनी पीड़ा से तड़पती रहती। कुछ दिनों से स्वामी विवेकानंद ने उस बतख की पीड़ा को महसूस किया। उन्होंने अनेक तरीकीबें लगाईं कि किस प्रकार से वह बतख फिर से स्वस्थ होकर सामान्य तरीके से खेले-कूदे और रहे। उन्होंने बहुत सारी तरकीबें आजमाईं। आखिर एक दिन उन्होंने अपनी बुद्धि से हलके कार्बोलिक एसिड को पानी में डालकर उसे उसी में तैरने के लिए छोड़ दिया। कार्बोलिक एसिड का बतख पर सकारात्मक असर हुआ। उदास व रोगी बतख इस प्रक्रिया से कुछ ही समय बाद भली-चंगी होकर अपनी अन्य सखियों के साथ खुशी से रहने लगी। यह देखकर स्वामी विवेकानंद

के हृदय को अत्यंत संतुष्टि और प्रसन्नता हुई। वह बतख विवेकानंद को देखकर अकसर ऐसा करती, जैसे उनके प्रति कृतज्ञता प्रकट कर रही हो। इस प्रकार स्वामी विवेकानंद केवल लोक-कल्याण के लिए ही नहीं, अपितु सभी प्राणियों के कल्याण के लिए प्रयासरत थे।

□

मटरू की घंटियाँ

बेलूर मठ में स्वामी विवेकानंद सभी पशु-पक्षियों से अत्यंत प्रेम करते थे। वे हर प्रजाति के साथ अलग-अलग ढंग से खेलते थे। मठ में एक बकरी का बच्चा बड़ा ही प्यारा और नटखट था। स्वामीजी ने उसकी चंचलता देखते हुए उसे मटरू नाम दिया हुआ था। मटरू पूरे मठ में उछल-कूद करते हुए घूमता रहता। उसकी उछल-कूद को देखते हुए एक दिन स्वामी विवेकानंद ने उसके गले में छोटी-छोटी घंटियाँ बाँध दीं। अब जब भी मटरू उछल-कूद करता तो मठ का पूरा वातावरण वाद्ययंत्रों की सी मधुर ध्वनि से गूँज उठता। कभी-कभी स्वामीजी मटरू के साथ खेलते और दौड़-भाग करते।

मटरू भी स्वामी विवेकानंद से अत्यंत प्रेम करता था। यही नहीं, मटरू को स्वामी विवेकानंद के शयनकक्ष तक जाने की भी पूरी छूट थी। वह उनका विशेष कृपापात्र हो गया था। उसके गले की घंटियाँ सभी को बेहद आकर्षित करती थीं। अकसर मटरू को देखकर स्वामीजी अपने साथियों से कहते, 'ऐसा प्रतीत होता है कि पूर्व जन्म में यह अवश्य ही मेरा कोई निकट संबंधी रहा होगा।' मटरू अपने नाम के अनुरूप पूरे मठ में मटरगश्ती करता। दिन बीतते रहे। आखिर वह दिन भी आया, जब मटरू का निधन हो गया। उसके निधन पर स्वामी विवेकानंद बेहद उदास हो गए और बोले, 'अब मठ में मटरू के गले में बँधी घंटियों की आवाज कभी सुनाई नहीं देगी।' इसके बाद द्रवित होकर वे अपने कमरे की ओर मुड़ गए।

मटरू के निधन ने मठ के सभी व्यक्तियों के साथ ही जीव-जंतुओं को भी गमगीन कर दिया था, लेकिन जीवन तो निरंतर चलता रहता है। कुछ समय बाद अन्य जीव-जंतुओं ने मठ की रौनक को बढ़ा दिया।

शरीर की पीड़ा

यह प्रसंग उस समय का है, जब पश्चिम बंगाल के कुछ जिलों में भारी अकाल पड़ा था। स्वामी विवेकानंद अपने साथियों के साथ अकाल पीड़ितों की सेवा में लगे हुए थे। वे और उनके साथी अकाल पीड़ितों के लिए अन्न-धन जुटाने में जुटे हुए थे। उन्हीं दिनों कुछ वेदांती पंडित स्वामीजी से शास्त्रार्थ करने के लिए आए। स्वामीजी ने उन्हें बड़े आदर और सम्मान के साथ बिठाया। कुछ विषयों पर चर्चा करने के बाद अकाल पर चर्चा होने लगी। अंत में स्वामी विवेकानंद बोले, 'इस अकाल वृष्टि ने अनेक लोगों को निगल लिया है। मुझे छोटे-छोटे बच्चों और वृद्धों को भूख तथा पीड़ा से तड़पते देखकर अत्यंत दुःख होता है।' यह बोलकर उनकी आँखों से आँसू छलक पड़े। स्वामीजी की बातें सुनकर और उनकी आँखों में आँसू देखकर पंडित एक-दूसरे की ओर देखकर मुसकराने लगे।

स्वामीजी उन्हें मुसकराते हुए देखकर स्तब्ध रह गए और बोले, 'देश में अनेक लोग अकाल की चपेट में आकर शारीरिक व मानसिक पीड़ा से जूझ रहे हैं और आप हँस रहे हैं।' इस पर एक पंडित बोला, 'स्वामीजी, हम तो समझते थे कि आप संन्यासी हैं, राग-द्वेष से परे हैं, परंतु आप तो इस नश्वर शरीर के लिए आँसू बहा रहे हैं। आत्मा के निकल जाने पर यह शरीर मिट्टी से भी गया बीता है।' वेदांती पंडितों का यह तर्क सुनकर स्वामीजी अवाक् रह गए। उन्होंने इधर-उधर देखा। वहाँ एक डंडा रखा हुआ था। स्वामीजी बुद्धि का प्रयोग कर वेदांती पंडितों से बोले, 'ठीक है, मैं आपकी बात मान

लेता हूँ कि शरीर नश्वर है। आत्मा अमर है। आप एक काम करिए, यहाँ रखे हुए डंडे से स्वयं को मारिए। ऐसा करने से आपको कुछ नहीं होगा, क्योंकि आप सभी के लिए शरीर तो नश्वर है। यह डंडा आपकी नश्वर देह को ही तो मारेगा, आत्मा तो अमर रहेगी। अगर आप सचमुच पंडित हैं और सबकी पीड़ा को एक समझते हैं तो अपनी जगह से हिलिए मत।' यह सुनते ही सभी पंडितों के चेहरों पर हवाइयाँ उड़ने लगी और वे अपना सारा शास्त्र ज्ञान भूलकर वहाँ से दुम दबाकर भाग गए।

□

मेरे देश के लोग

यह घटना उस समय की है, जब स्वामी विवेकानंद 'विश्व धर्म सम्मेलन' में भाग लेने अमरीका पहुँचे। वे सादे वस्त्रों में एकाकी एक बगीचे में बैठे थे कि तभी वहाँ पर एक भद्र अमरीकी महिला आई। उसने स्वामी विवेकानंद से बातचीत की। उनके ज्ञानदर्शन से वह अत्यंत अभिभूत और प्रभावित हो गई। वह अपने पति से विचार-विमर्श कर उन्हें कुछ दिन के लिए अपने निवास-स्थल पर ले गई। उसने उनके खाने-पीने और रहने की समुचित व्यवस्था कर दी। कुछ ही दिनों में अपने विद्वत्तापूर्ण भाषण और ज्ञान के कारण वे समूचे विश्व में प्रसिद्ध हो गए।

एक दिन रात के दो बजे उस महिला को किसी के करुण क्रंदन की आवाज सुनाई दी। महिला पहले तो रुदन की आवाज सुनकर भयभीत हो गई, लेकिन फिर वह आवाज की दिशा में बढ़ चली। उसने देखा कि स्वामी विवेकानंद के कमरे से रुदन की आवाज आ रही थी। उसने उनका दरवाजा खटखटाया। वह अंदर पहुँची तो देखा कि स्वामीजी की आँखों में आँसू थे और वे अत्यंत सर्दी में नीचे जमीन पर लेटे हुए थे। यह देखकर महिला उनसे विनम्रता से बोली, 'स्वामीजी, आपके रोने का क्या कारण है ? आपको यहाँ पर क्या कष्ट है और आप मखमली बिस्तर छोड़कर इतनी सर्दी में जमीन पर क्यों लेटे हैं ?'

यह सुनकर स्वामीजी बोले, 'देवी, मुझे यहाँ पूरा आराम है, पर ये रेशमी गद्दे और ऊनी कपड़े मेरा मजाक उड़ा रहे हैं। मुझे अपने गरीब देश के करोड़ों

निर्धन-नंगे देशवासी नहीं भूलते। वे देश के लिए अनाज पैदा करते हैं, पर स्वयं दाने-दाने के लिए तरसते हैं। वे ठंडी रातों में भूखे पेट ईंट का सिरहाना लगाकर कठोर जमीन पर सो जाते हैं। बस आज उन्हीं देशवासियों की याद ने मुझे रुला दिया और इन रेशमी गद्दों से नीचे उतरकर जमीन पर सोने के लिए मजबूर कर दिया।' वह महिला स्वामीजी की बातें सुनकर तथा अपने देशवासियों के प्रति उनका अद्भुत प्रेम देखकर उनके समक्ष नतमस्तक हो गई।

□

बचपन की एकाग्रता

यह घटना उस समय की है, जब स्वामी विवेकानंद अपनी बाल्यावस्था में थे। बचपन में उन्हें सभी नरेन के नाम से पुकारते थे। बालक नरेन अत्यंत नटखट थे। वे बचपन से ही ध्यान-योग करते थे। एक दिन नरेन ध्यान-योग में बैठे हुए थे। तभी उनके बहुत सारे मित्र वहाँ पर आ गए। नरेन के मित्रों को देखकर उनकी माँ भुवनेश्वरी देवी उन्हें लेकर नरेन के कमरे की ओर पहुँचीं। जब वे नरेन के कमरे में पहुँचीं तो उनके साथ ही सारे मित्र भी नरेन को देखकर स्तब्ध रह गए। नरेन आँखें बंद किए हुए ध्यानावस्था में खोए हुए थे और समीप ही एक काला साँप फन फैलाए बैठा हुआ था।

माँ भुवनेश्वरी देवी तो यह दृश्य देखकर बेहोश होने को हो गईं। साथी भी काले साँप को नरेन के सामने देखकर विचलित हो गए। उस समय किसी को कुछ होश ही नहीं रहा। सभी इस सोच में डूबे थे कि बालक नरेन को साँप से कैसे छुड़ाया जाए? तभी साँप बिना किसी को नुकसान पहुँचाए चुपचाप दूसरी ओर चला गया। कुछ देर बाद नरेन ने अपनी आँखें खोलीं तो उन्होंने अपनी माँ के साथ ही सभी मित्रों को खोया-खोया सा पाया। वे अपनी माँ के करीब आए और उनके कंधे पर हाथ रखकर बोले, 'क्या हुआ माँ?' नरेन की आवाज सुनकर माँ भुवनेश्वरी देवी की तंद्रा भंग हुई, फिर वे बोलीं, 'कुछ नहीं बेटे, मैं प्रभु की अद्‌भुत लीला

के दर्शन कर रही थी।' इस घटना के बाद भुवनेश्वरी देवी को यह ज्ञात हो गया था कि बालक नरेन अवश्य ही अद्‌भुत है। माँ की बात सुनकर नरेन हँसते-मुसकराते हुए अपने मित्रों के साथ खेलने चला गया। मित्र भी नरेन की एकाग्रता और साहस के आगे नतमस्तक थे।

□

घोड़े पर काबू

यह प्रसंग उस समय का है, जब नरेन अपनी किशोरावस्था में थे। एक बार कलकत्ते की भीड़ भरी सड़क पर एक घोड़ागाड़ी तेजी से भाग रही थी। अचानक घोड़ा बिदक गया। उसने ऐसी दुलत्ती मारी कि गाड़ी का कोचवान दूर सड़क पर जा गिरा। घोड़ा तेजी से भागने लगा। घोड़ागाड़ी में एक महिला बच्चे को लिये बैठी थी। घोड़ा पागलपन में कभी इधर दुलत्ती मारता और कभी उधर। महिला बच्चे के साथ लुढ़कती सी किसी तरह स्वयं को बचाए हुए थी। जब घोड़ा काबू में नहीं आया और तेजी से मचलने लगा तो महिला घबरा गई और बच्चे को गोद में भींचते हुए 'बचाओ-बचाओ' चिल्लाने लगी।

एक पंद्रह-सोलह साल के किशोर की नजर उस बेकाबू घोड़ागाड़ी पर पड़ी। वह दौड़ता हुआ आया और उछलकर घोड़े की पीठ पर बैठने की कोशिश करने लगा। मदमस्त घोड़े ने उसे झटका देकर गिरा दिया। किशोर फिर खड़ा हुआ और घोड़े पर चढ़ने का प्रयत्न करने लगा। किंतु घोड़े ने फिर से उसकी कोशिश व्यर्थ कर दी। किशोर भी हार माननेवाला नहीं था। वह बार-बार प्रयत्न करता रहा। आखिरकार वह निरंतर प्रयासों से घोड़े पर काबू पाने में सफल हो गया। इस कोशिश में किशोर बुरी तरह लहूलुहान हो गया था, लेकिन उसने हिम्मत नहीं हारी।

घोड़ेगाड़ी पर काबू पाकर उसने सकुशल उस महिला को बच्चे के साथ उतारा। जब वह महिला घोड़ा-गाड़ी से उतर गई तो बालक कूदकर घोड़े

पर से उतर गया और अपने कपड़ों को झाड़ने लगा। अब तक वहाँ पर बहुत भीड़ जमा हो चुकी थी। सभी किशोर बालक के साहस की सराहना करने में लगे हुए थे। यह बालक कोई साधारण बालक नहीं, बल्कि किशोर नरेंद्र था, जो आगे चलकर स्वामी विवेकानंद के नाम से प्रसिद्ध हुआ।

एकाग्र मन

उन दिनों स्वामी विवेकानंद शिकागो में व्याख्यान देने के बाद अमरीका में उदार मानव धर्म के वक्ता के रूप में प्रसिद्ध हो गए थे। वहाँ स्वामीजी वेदांत दर्शन पर प्रवचन दिया करते थे। इस संबंध में उनका प्रवास अमरीका के उन अंदरूनी इलाकों में भी होता था, जहाँ पर धर्मांध और संकीर्ण विचारधारावाले लोग रहते थे। एक बार स्वामीजी को एक ऐसे ही क्षेत्र में व्याख्यान के लिए बुलाया गया, जहाँ के लोग अत्यंत संकुचित मानसिकता रखते थे।

एक खुले मैदान में लकड़ी के बक्सों को जमाकर मंच तैयार किया गया। स्वामीजी उसपर खड़े होकर वेदांत, योग और ध्यान पर व्याख्यान देने लगे। तभी उधर से गुजरनेवाले कई चरवाहे भी रुककर स्वामीजी की बातें सुनने लगे। थोड़ी देर बाद उन चरवाहों ने बंदूक निकाल ली और स्वामीजी की ओर गोलियाँ चलाने लगे। कोई गोली उनके कान के पास से गुजरती तो कोई पाँव के पास से। गोलियों के प्रहार से लकड़ी के बक्से बिल्कुल छलनी हो गए थे, लेकिन स्वामीजी का व्याख्यान बिना किसी व्यवधान के चलता रहा।

वे व्याख्यान देते हुए न ही घबराए और न ही रुके। आखिरकार चरवाहों को हार माननी पड़ी और उन्हें गोलियाँ चलानी बंद करनी पड़ीं। व्याख्यान समाप्त होने के बाद चरवाहे स्वामीजी से बोले, 'हमने आप जैसा व्यक्ति पहले कभी नहीं देखा। हमारे निशाने के बीच भी आपका भाषण ऐसे चलता रहा, जैसे कुछ हुआ ही न हो, जबकि हमारे निशाने की जरा सी गलती आपकी

जान मुश्किल में डाल सकती थी।'

चरवाहों की बात सुनकर स्वामीजी मुसकराते हुए बोले, 'जब मैं व्याख्यान दे रहा था तो मुझे बाहरी वातावरण का ज्ञान ही नहीं था। मेरा चित्त योग, वेदांत और ध्यान की गहराइयों में था।' स्वामी विवेकानंद की बातें सुनकर चरवाहे दंग रह गए और बोले, 'स्वामीजी, हमें माफ कर दीजिए। हम गलती पर थे, जो आपके अध्यात्म और इस अद्‍भुत ज्ञान के रहस्य को समझ नहीं सके।' इसके बाद वे भी स्वामीजी के भक्त बन गए।

गुरु-शिष्य का बंधन

स्वामी विवेकानंद की अपने गुरु रामकृष्ण परमहंस के प्रति प्रगाढ़ आस्था थी। उन्हें रामकृष्ण परमहंस से मिलने के बाद यह ज्ञात हो गया था कि गुरु ही उन्हें आध्यात्मिकता के शिखर पर पहुँचा सकता है। स्वामी विवेकानंद की नजरों में गुरु का स्थान पिता से भी ऊपर था। जब यह बात उनके शिष्यों को पता चली तो उन्होंने स्वामी विवेकानंद से इस बारे में पूछा। एक शिष्य बोला, 'स्वामीजी, क्या यह सत्य है कि आप गुरु को पिता से भी ऊपर देखते हैं? भला गुरु पिता से ऊपर कैसे हो सकता है? पिता पालनहार होता है। वह जीवन के हर पड़ाव पर अपनी संतान को मार्ग दिखाता है।'

शिष्य की बात सुनकर विवेकानंद सहज स्वाभाविक मुसकान के साथ बोले, 'हाँ भंते! शिक्षा-प्रदाता गुरु मेरे लिए पिता से भी बढ़कर हैं, मैं उनकी संतान हूँ। हर तरह से मैं उनकी संतान हूँ। पिता से भी पहले मैं उनकी श्रद्धा करूँगा और उनकी प्राथमिकता स्वीकार करूँगा, क्योंकि भारत के लोगों का कहना है कि पिता ने मुझे जन्म दिया है, मगर गुरु ने मुझे मुक्ति का पथ दिखाया है। पिता यदि हमें जीवन के हर पड़ाव पर राह दिखाता है तो गुरु हमें जीवन के हर मोड़ पर मुक्ति के पथ पर अग्रसर करता है, वह हमें इस प्रकार से शिक्षित करता है कि परेशानी के मोड़ पर भी हम शिक्षा के माध्यम से अपने जीवन को सहज और गम्य बना सकें।'

उनकी बात सुनकर शिष्य उनसे सहमत हो गए और बोले, 'स्वामीजी, आपका कहना उचित है।' यह सुनकर स्वामीजी बोले, 'हम सभी को आजीवन

अपने गुरु के प्रति श्रद्धा और प्रेम का पोषण करते रहना चाहिए।' अब दूसरा शिष्य बोला, 'पर यह कैसे ज्ञात हो कि शिक्षा प्रदान करने के अलावा जीवन में मिलनेवाले गुरुजी कौन हैं ?' इस पर स्वामीजी बोले, 'जिस भी व्यक्ति से आपको शिक्षा मिले, वही आपका गुरु है। यहाँ तक कि कई बार गुरु तरुण होता है और शिष्य वृद्ध।' गुरु-शिष्य का यह संबंध सुनकर सभी शिष्य उनसे सहमत हो गए।

□

भाग्य-निर्माता है मनुष्य

एक व्यक्ति ने अनेक कार्य करने की कोशिश की, लेकिन उसे किसी भी कार्य में सफलता प्राप्त नहीं हुई। असफलता ने उसे अत्यंत निराश कर दिया था। अब उसका किसी भी काम को करने को मन नहीं करता था। कुछ दिनों तक वह निराश और हताश बैठा रहा, लेकिन जीवित रहने के लिए भोजन जुटाने की आवश्यकता तो होती ही है। भूख-प्यास से व्याकुल व्यक्ति इधर-उधर भोजन जुटाने की आस में घूमने लगा। उसे भोजन की प्राप्ति नहीं हुई और वह भूख-प्यास से अचेत हो गया।

अचेतावस्था से जब वह होश में आया तो उसने देखा कि एक स्वामीजी उसके मुँह पर छींटें मार रहे हैं। होश में आने पर व्यक्ति ने स्वयं को एक वृक्ष की छाँव तले पाया। चेतना आने पर वह उठकर बैठ गया। उसके मुख पर छींटें मारनेवाले स्वामी विवेकानंद थे। वह उससे बोले, 'भैया, क्या बात है? इतने परेशान और हताश क्यों लग रहे हो?' भूख के कारण व्यक्ति से भलीभाँति बोला नहीं जा रहा था। यह जानकर स्वामीजी ने उसके लिए भोजन का प्रबंध किया। भोजन से तृप्त होने के बाद वह व्यक्ति बोला, 'स्वामीजी, मैं अपने जीवन से निराश हो गया हूँ। मेरा भाग्य बहुत ही खराब है। अब तो मुझे लगता है कि भाग्यहीन व्यक्ति का जीवन में जीना ही बेकार है।' उसकी बातें सुनकर स्वामीजी बोले, 'भाई, हम अपने दोष पड़ोसियों पर डालते हैं, अन्यथा ईश्वर के ऊपर या फिर भाग्य पर। मैं कहता हूँ कि भाग्य है क्या? हम जो कुछ बोते हैं, वही पाते हैं। हम स्वयं अपने भाग्य-विधाता

हैं। तुम कार्य को मन और लगन से करो। ऐसा करने पर असफल होने का प्रश्न ही नहीं उठता। याद रखो, भाग्य तुम्हारे कर्म के साथ-साथ चलता है। जैसे कर्म तुम करते हो, वैसा ही भाग्य बनाते हो।' स्वामीजी की बातें सुनकर व्यक्ति जैसे सोते से जागा और उनसे माफी माँगकर कर्म में प्रवृत्त होने के लिए चल पड़ा।

□

मजबूत नींव

स्वामी विवेकानंद के शिकागो में व्याख्यान देने के बाद पूरे विश्व में उनकी ओजस्वी वाणी और प्रभावशाली व्यक्तित्व की धूम मची हुई थी। विश्व के अनेक लोग उनके आध्यात्मिक रस में डूब गए थे और भारतीय चिंतन व दर्शनशास्त्र का अध्ययन करने लगे थे। विश्व के अनेक लोगों को भारत की आध्यात्मिक शक्ति और धार्मिक बातों से प्रेम हो गया था। सभी धर्म निरपेक्षता का आदर करने लगे थे। सभी धर्मों को समान नजर से देखा जाने लगा था। ऐसे में धर्म की नींव पर बगावत करनेवाले और लड़ाई करनेवालों की भी कमी न थी। जो लोग धर्म की आड़ में अपने-अपने धर्म को श्रेष्ठ मानकर अपना स्वार्थ सिद्ध करते थे, अब उन्हें अपना धंधा मंदा पड़ता नजर आने लगा था। गिरजाघरों के कई पादरी और व्यक्ति विवेकानंद को नीचा दिखाने का कोई मौका नहीं चूकते थे।

एक बार स्वामी विवेकानंद को लंदन के एक बड़े गिरजाघर में भाषण देने के लिए आमंत्रित किया गया। पूरा गिरजाघर स्वामी विवेकानंद की ओजस्वी वाणी को सुनने और उनकी एक झलक पाने के लिए खचाखच भरा हुआ था। स्वामीजी मंच की ओर बढ़े। एक अंग्रेज उनसे ईर्ष्या करता था। उन्हें मंच की ओर बढ़ते देखकर वह उनसे बोला, 'स्वामीजी, भाषण प्रारंभ करने से पूर्व जरा एक नजर गिरजाघर में रखे धर्मग्रंथों पर तो डालिए।' अंग्रेज के ऐसा कहने पर स्वामी विवेकानंद की नजर ईसा मसीह के चित्र के नीचे रखे अनेक धर्मग्रंथों पर गई तो उन्होंने पाया कि गीता सबसे नीचे रखी है। स्वामी

विवेकानंद की गीता पर नजर रखने पर अंग्रेज व्यंग्य से मुसकराने लगा और बोला, 'अब बोलिए, स्वामीजी, क्या अभी भी आपका यही मत है कि सभी धर्म एक हैं और भारतीय अध्यात्म एवं संस्कृति की दृष्टि से महान् हैं।'

स्वामी विवेकानंद बोले, 'बिल्कुल, बल्कि आप स्वयं ही एक नजर डालकर देखिए न कि गीता के सभी ग्रंथों के नीचे रखे होने का अर्थ है कि वह नींव है और जब नींव मजबूत होगी तो सभी धर्मों का एकमत होकर सम्मान किया जाएगा।' यह सुनकर अंग्रेज लज्जित हो गया।

□

पवित्र तीर्थ

स्वामी विवेकानंद ने कम उम्र में अनेक देशों का भ्रमण कर लिया था। हर ओर उनके व्याख्यानों और ज्ञान की धूम मची हुई थी। भारत में उन्होंने कम समय बिताया था। उन्होंने भारत में प्रत्येक भारतवासी को दो वक्त का भोजन जुटाने के लिए अनेक संघर्ष किए और जन-जन को जागरूक किया कि भारत देश में अमीर लोग निर्धन लोगों को भोजन प्रदान कर देश की निर्धनता को दूर करने का प्रयत्न करें, क्योंकि जब तक देश का एक भी प्राणी भूखा है, तब तक देश की प्रगति असंभव है।

वे विदेशों में अपना आध्यात्मिक ज्ञान बाँटने और वहाँ की तकनीक को भारत में लाना चाहते थे, ताकि भारत उच्च तकनीक के माध्यम से प्रगति की ओर बढ़े। उन्हें विदेश में रहते हुए काफी समय हो गया था। कुछ दिनों से उन्हें देश की याद सताने लगी थी। जब उन्हें नींद में भी अपनी पवित्र माटी की याद आने लगी तो उन्होंने भारत आने का निर्णय कर लिया। उनके अनेक अंग्रेज मित्र थे। यह बात उन्होंने अपने सभी अंग्रेज मित्रों को बता दी कि वे अब विदेश में नहीं रहेंगे और भारत देश जाएँगे।

उनकी बात सुनकर एक अंग्रेज मित्र उनसे बोला, 'स्वामीजी, पाश्चात्य देशों में इतने वर्ष गुजारने के बाद अब भारतवर्ष आपको कैसा लगेगा? क्या वहाँ की निर्धनता, अशिक्षा आपको प्रभावित नहीं करेगी?' अंग्रेज मित्र की बात सुनकर स्वामी विवेकानंद भावुक हो गए और बोले, 'पाश्चात्य देशों में आने के पूर्व मैं भारत से प्यार करता था, पर अब तो भारत की हवा और

मिट्टी तक मेरे लिए पवित्र है। भारतवर्ष अब मेरे लिए पावन तीर्थ है। मैं प्रयास करूँगा कि मेरे देशवासी एकजुट होकर भारत को तरक्की के रास्ते पर लाएँ और वहाँ से निर्धनता व अशिक्षा का उन्मूलन हो। भारत देश एक पवित्र तीर्थ है, जहाँ से व्यक्ति जितना चाहे, ज्ञानार्जन और पुण्य बटोर सकता है।'

स्वामी विवेकानंद की बात सुनकर अंग्रेज मित्र उनके गले लग गया और बोला, 'स्वामीजी, धन्य हैं आप और धन्य है आपका भारत, जिसने आप जैसी विभूति को जन्म दिया। वास्तव में भारत एक पवित्र तीर्थ है।'

□

आस्था की पूजा

यह घटना उस समय की है, जब स्वामी विवेकानंद अलवर नरेश के मेहमान थे। अलवर नरेश स्वामी विवेकानंद से विभिन्न विषयों पर चर्चा कर रहे थे। अचानक अलवर नरेश बोले, 'स्वामीजी, मुझे लकड़ी, पत्थर या धातु की प्रतिमा बनाकर उसकी पूजा करनेवालों से बड़ी चिढ़ है। भला मूर्ति का ईश्वर की आस्था से क्या लेना-देना? मूर्ति क्या ईश्वर की बराबरी कर सकती है? मूर्ति के माध्यम से अंधविश्वासी लोग उसे ईश्वर का प्रतिरूप मानते हैं। यह तो बेवकूफी ही है।'

स्वामीजी अलवर नरेश की बातों को गंभीरतापूर्वक सुन रहे थे। सारी बात सुनने के बाद वे चुप रहे तो अलवर नरेश बोले, 'लगता है कि आप भी मेरी बातों से असहमत हैं और मूर्तिपूजा को बल देते हैं।' उनकी बात सुनकर स्वामीजी मंद-मंद मुसकराने लगे। संयोगवश अलवर नरेश के सिंहासन के पीछे की दीवार पर उनका तैल चित्र टँगा था। स्वामी विवेकानंद ने तत्काल वह चित्र दीवार पर से उतारा और पास खड़े दीवान से कहा, 'इस पर थूक दीजिए।'

दीवान यह सुनकर घबरा गया और बोला, 'स्वामीजी, भला मैं यह कैसे कर सकता हूँ?' दीवान का जवाब सुनकर स्वामीजी अलवर नरेश की ओर मुड़े और बोले, 'अगर दीवान यह नहीं कर सकता तो आप ही कीजिए और इस तसवीर पर थूक दीजिए।' अलवर नरेश स्वामीजी की बात सुनकर हतप्रभ रह गया। उन्हें हतप्रभ देखकर स्वामी विवेकानंद बोले, 'चित्र तो मात्र रंगों का

मेल है, आप तो नहीं हैं। फिर झिझक या भय कैसा?' अलवर नरेश चुपचाप स्वामी विवेकानंद की ओर देखते रहे। उन्हें मूक देखकर स्वामी विवेकानंद बात को स्पष्ट करते हुए बोले, 'मूर्तिपूजक धातु या पत्थर नहीं पूजता। आकार तो मात्र बहाना है। आस्तिक उसके माध्यम से अपने सृष्टा को याद करता है। महत्त्वपूर्ण है उसकी आस्था। रचनाकार के प्रति कृतज्ञता की भावना।' यह सुनकर अलवर नरेश को अपनी भूल का एहसास हुआ और उन्होंने स्वामी विवेकानंद से कहा, 'आप सही कहते हैं।'

नरेन की परीक्षा

यह घटना उस समय की है, जब स्वामी विवेकानंद नरेंद्र के नाम से जाने जाते थे। रामकृष्ण परमहंस नरेंद्र की एक झलक देखकर ही उनपर असीम स्नेह प्रकट करने लगे थे। उन्हें अपनी आंतरिक शक्तियों से नरेंद्र के बौद्धिक और आध्यात्मिक ज्ञान की अनुभूति हो गई थी। जब भी नरेंद्र उनसे मिलने आते, वे उससे ढेर सारी बातें करते। नरेंद्र को प्रारंभ में तो रामकृष्ण परमहंस से अत्यधिक मोह नहीं था, लेकिन जैसे-जैसे वे उनकी संगति में वक्त बिताने लगे, वैसे-वैसे रामकृष्ण परमहंस का प्रभुत्व उनपर बनता गया।

एक बार किसी बात पर रामकृष्ण परमहंस ने नरेंद्र से बोलना बंद कर दिया। जब भी नरेंद्र उनके सम्मुख आते, वे मुँह फेर लेते, लेकिन नरेंद्र पर उनके न बोलने का कोई असर नहीं पड़ा। वे पूर्ववत् उन्हें प्रणाम करते और कुछ देर उनके पास बैठे रहते। रामकृष्ण परमहंस मौन रहते तो नरेंद्र भी मौन ही उनके समीप बैठे रहते। जब ऐसा करते हुए कुछ दिन बीत गए तो रामकृष्ण परमहंस ने अपनी नाराजगी को भंग किया और बोले, 'जब मैं तुमसे बात नहीं करता, तब भी तुम प्रतिदिन मेरे पास क्यों आते हो और मुझे प्रणाम करके मेरे पास क्यों बैठ जाते हो?'

रामकृष्ण परमहंस की बात सुनकर नरेंद्र मुसकराते हुए बोले, 'मुझे आपके प्रति बड़ा प्रेम है, इसलिए मैं आपके दर्शन करने चला आता हूँ। आपके पास बैठकर मुझे असीम शांति का अनुभव होता है।' नरेंद्र का जवाब सुनकर परमहंसजी का गला भर आया। उन्होंने नरेंद्र को सीने से लगा लिया।

उनकी आँखों में आँसू थे। वे अपने आँसुओं को पोंछते हुए बोले, 'अरे पगले, मैं तो तेरी परीक्षा ले रहा था कि तू उपेक्षा भी सह सकता है अथवा नहीं। तू इस परीक्षा में पास हो गया है।' इसके बाद से नरेंद्र रामकृष्ण परमहंस के प्रिय शिष्य बन गए।

□

मनुष्य की पहचान

एक बार स्वामी विवेकानंद भगवा वस्त्र पहने और सिर पर साफा धारण किए हुए अमरीका के शिकागो नगर की सड़क से गुजर रहे थे। स्वामी विवेकानंद शिकागो में अपनी ज्ञान भरी बातों और उपदेश के माध्यम से संपूर्ण अमरीका में प्रसिद्ध हो गए थे। अनेक लोग उनके भक्त बन गए थे। एक युवती ने यूनिवर्सिटी में स्वामीजी का प्रवचन सुना था और वह उनसे अत्यंत प्रभावित हुई थी। उसी युवती ने उन्हें मार्ग में देखा तो उनसे मिलने के लिए पहुँची और उन्हें अपना परिचय देते हुए बोली, 'स्वामीजी, आपका तर्कपूर्ण भाषण सुनकर और आपके विचार जानकर मुझे अत्यंत प्रसन्नता हुई। मैं नास्तिक से आस्तिक बन गई हूँ और मुझे भारतीय संस्कृति की उच्च वैज्ञानिकता समझ आ गई है। आपने कुछ ही शब्दों में मुझे धर्म व ईश्वर का मर्म समझा दिया है।' उसकी बात सुनकर स्वामीजी मुसकराकर बोले, 'देवी, मैंने कुछ नहीं किया। यदि मेरे शब्द तुम्हें प्रभावशाली लगे तो उसके लिए शुक्रिया।'

तभी एक और अमरीकन युवती वहाँ पर आई और उनसे बोली, 'स्वामीजी, आपकी पोशाक बड़ी विचित्र लगती है। यदि आपको आपत्ति न हो तो मैं आपको कोट, पैंट व हैट खरीदकर भेंट कर दूँ।' उस युवती की बात सुनकर स्वामीजी बोले, 'देवी, हो सकता है कि यहाँ पर फैशनेबल व कीमती कपड़ों को बड़प्पन और मनुष्य का परिचायक माना जाता हो, किंतु मेरे भारत देश में मनुष्य की पहचान सुंदर, कीमती कपड़ों से नहीं, बल्कि उसके चरित्र और गुणों से की जाती है। इनसान के हृदय के सुंदर विचार और

सद्गुण ही उसे सफलता या असफलता दिलाते हैं। कपड़े विलायती हों या स्वदेशी, मनुष्य अपने सद्गुणों से सबके दिलों पर राज करता है। इनसान को चरित्रवान और नेक होना चाहिए।' स्वामीजी की बातें सुनकर दोनों युवतियाँ उनके आगे नतमस्तक हो गईं।

□

निवेदिता का भाषण

भगिनी निवेदिता स्वामी विवेकानंद के ज्ञान, अध्यात्म, संस्कार और ओजस्वी वाणी से अत्यंत प्रभावित थीं। उन्हें लगने लगा था कि स्वामी विवेकानंद भारतीय भूमि पर जन्म लेनेवाले एक अलौकिक प्राणी हैं, जिन्होंने भारत देश के साथ-साथ पूरे विश्व को ज्ञान का मार्ग दिखाया है। वे उनके द्वारा बताए गए आध्यात्मिक मार्ग से इतनी ओत-प्रोत थीं कि भारत में आकर ही रच-बस गईं और वहीं पर उन्होंने विवेकानंद की शिष्या बनकर ज्ञान और संस्कृति को पूरे विश्व में फैलाने का बीड़ा उठा लिया। धीरे-धीरे भगिनी निवेदिता पूरे देश में प्रसिद्ध हो गईं। उन्हें स्कूलों व महाविद्यालयों में मुख्य अतिथि के रूप में आमंत्रित किया जाने लगा।

एक बार उन्हें नागपुर के एक महाविद्यालय में आयोजित विजयादशमी समारोह की मुख्य अतिथि के रूप में आमंत्रित किया गया था। महाविद्यालय के छात्र-छात्राओं ने उनके सामने क्रिकेट, हॉकी आदि अनेक खेलों का प्रदर्शन किया। अनेक रंगारंग कार्यक्रम उनके सामने प्रस्तुत किए गए। अंत में कार्यक्रम के संचालक ने उनसे महाविद्यालय के विद्यार्थियों को मार्गदर्शन देने के लिए कहा। भगिनी निवेदिता मंच पर आकर बोलीं, 'मैं पराक्रमी मराठों की कर्मस्थली नागपुर के महाविद्यालय में यह सोचकर आई थी कि यहाँ पर मुझे शौर्य, पराक्रम का प्रदर्शन देखने को मिलेगा, लेकिन यहाँ उनकी जगह विदेशी खेलों को देखकर मुझे निराशा हुई।' कुछ समय बाद जब नागपुर के प्रसिद्ध अखाड़ों ने शस्त्र-चालन तथा कुश्ती का प्रदर्शन किया तो वे गद्गद

हो उठीं। उन्होंने शस्त्र चालन करनेवाले विद्यार्थियों की पीठ थपथपाते हुए कहा, 'आप जैसे युवा नई रामायण रचेंगे, जो अन्याय पर विजय की प्रतीक होगी। भारत की मिट्टी में रचे-बसे खेलों की भी एक अलग सुगंध है, जो उन्हें विश्व में अलग ही स्थापित करती है।'

एक विदेशी मूल की भारतभक्त महिला की भारतीय खेलों के प्रति आस्था देखकर वहाँ उपस्थित सभी जन गद्गद हो उठे। महाविद्यालय के विद्यार्थियों ने भगिनी निवेदिता के समक्ष संकल्प किया कि वे अपने जीवन में भारतीय खेलों, भारतीय संस्कारों को पुष्ट करेंगे, ताकि पूरे विश्व में भारत की प्रगति हो।

माँ श्रीमद्‍भगवद्‍गीता

यह घटना 25 मई, 1898 की है। उस दिन बैलूर मठ में स्वामी विवेकानंद के सामने आयरलैंड की इकतीस वर्षीया मार्गरेट एलिजाबेथ नोबल नामक युवती बैठी हुई थी। स्वामी विवेकानंद जब इंग्लैंड में थे तो मार्गरेट उनके प्रवचन सुनकर हिंदू दर्शन तथा भारत से प्रभावित हुई थी। उसने अपना संपूर्ण जीवन भारत में रहकर धर्म तथा समाज की सेवा के लिए समर्पित करने का संकल्प लिया था। बैलूर मठ में स्वामी रामकृष्ण परमहंस की पत्नी शारदा माँ के दर्शन करते ही मार्गरेट नोबल समाधिस्थ हो गई। उसने कहा, 'आज से शारदाजी ही मेरी माँ हैं।' स्वामी विवेकानंद ने मार्गरेट को दीक्षा देकर उसका नाम भगिनी निवेदिता रखा।

स्वामी विवेकानंद बोले, 'निवेदिता, शारदा माँ के साथ-साथ तुम्हारी एक और माँ है।' यह सुनकर वे हैरानी से स्वामी विवेकानंद को देखते हुए बोलीं, 'स्वामी, यहाँ शारदा माँ के अलावा और कौन है मेरी माँ? कृपया बताएँ और मुझे उनके दर्शन भी कराएँ।' निवेदिता की बात सुनकर स्वामी विवेकानंद पूजाघर की ओर बढ़े और वहाँ से अपने साथ एक पुस्तक लेकर आए। पुस्तक कपड़े में लिपटी हुई थी। उसे वे निवेदिता की गोद में देते हुए बोले, 'यह है तुम्हारी माँ श्रीमद्‍भगवद्‍गीता। जब भी तुम विपदा या परेशानी में पड़ जाओ तो इसे पढ़ना। यह माँ तुम्हारी सभी शंकाओं का निवारण करेगी और तुम्हें सही मार्ग दिखाएगी। कई बार जीवन में ऐसा समय आता है, जब इनसान स्वयं को अकेला महसूस करता है। उसे लगता है कि जीवन में उसके

लिए सबकुछ खत्म हो गया है। परेशानी और तनाव में इनसान आत्मघातक कदम उठाने की सोचता है। जब कभी ऐसे विचार तुम्हारे मन में आएँ तो तुम इसे खोलकर पढ़ना। अवश्य ही यह माँ तुम्हें सही मार्ग दिखाएगी और तुम्हारा तनाव दूर करेगी।'

स्वामी विवेकानंद की बातें सुनकर निवेदिता ने भगवद्गीता को माथे से लगाया और उसमें लिखित मर्म को आजीवन अपने जीवन में अपनाने का संकल्प किया।

□

मुक्ति

रामकृष्ण परमहंस स्वामी विवेकानंद के प्रति विशेष दयालु थे। वे उनके ज्ञान और कर्म से अत्यंत प्रभावित थे। अपने सभी शिष्यों में वे स्वामी विवेकानंद को अत्यंत पसंद करते थे और समय मिलने पर उनसे अनेक विषयों पर चर्चा भी करते रहते थे। एक दिन इस बात पर चर्चा चल रही थी कि व्यक्ति को मुक्ति कैसे प्राप्त होती है और मुक्ति का मार्ग क्या है? इस पर चर्चा चलते-चलते अचानक रामकृष्ण परमहंस विवेकानंद से बोले, 'बेटा, क्या तुम्हें मुक्ति चाहिए?' इस पर विवेकानंद बोले, 'नहीं, मुझे मुक्ति नहीं चाहिए।' स्वामी विवेकानंद का अजीबोगरीब जवाब सुनकर रामकृष्ण परमहंस हैरानी से उनकी ओर देखते हुए बोले, 'मुक्ति तो ऐसी चीज है, जिसकी कामना मानवमात्र करता है, चाहे वह गृहस्थ हो या संन्यासी, प्रत्येक व्यक्ति मुक्ति का मार्ग अपनाकर अपने जीवन को सफल बनाना चाहता है। फिर क्या कारण है कि तुम मुक्ति नहीं चाहते।'

यह सुनकर विवेकानंद द्रवित होकर बोले, 'जब तक मेरे करोड़ों भारतवासी भाई-बहनों को निर्धनता और भूख से मुक्ति नहीं मिल जाती, तब तक मैं अपने लिए मुक्ति की कामना नहीं कर सकता। मुक्त हुए बिना व्यक्ति कोई कार्य नहीं कर सकता और मैं अपने देश के हर व्यक्ति की समस्या को जड़ से मिटाना चाहता हूँ। जब मेरे देश का एक भी हिंदुस्तानी भूख और पीड़ा से तड़पता है तो मुझे असीम पीड़ा एवं दर्द का अनुभव होता है। मैं उनके उस दर्द और पीड़ा को दूर करना चाहता हूँ। जब भारत के नागरिकों

की मुक्ति के लिए पंक्ति लगेगी तो विवेकानंद उस पंक्ति का अंतिम व्यक्ति होगा। मैं स्वयं से पहले अपने एक-एक नागरिक को मुक्ति दिलाऊँगा, इसके बाद स्वयं की मुक्ति की कामना करूँगा, क्योंकि तब मेरे हृदय में पश्चात्ताप और पीड़ा के भाव नहीं होंगे।'

स्वामी विवेकानंद की बात सुनकर रामकृष्ण परमहंस ने उन्हें गले से लगा लिया और बोले, 'निश्चय ही तू भारत का महान् सपूत है और एक दिन अपने कर्मों से इस विश्व में भारत का नाम रोशन करेगा।'

देशवासी जागें

यह घटना उस समय की है, जब स्वामी विवेकानंद पश्चिमी देशों के तीन वर्ष के प्रवास के बाद 15 जनवरी, 1897 को कोलंबो आए। वहाँ पर हिंदू जनता ने उनका अभूतपूर्व स्वागत किया। स्वामी विवेकानंद वहाँ की जनता का प्रेम देखकर गद्‌गद हो गए। उन्होंने वहाँ की जनता को अपने उपदेशों से जाग्रत् किया और उन्हें पूरे विश्व में प्रेम और सेवा का पाठ पढ़ाकर अपने देश की ओर लौट चले। वहाँ से जब वे भारत के रामेश्वरम् के तट पर उतरे तो अपार भीड़ को अपने स्वागत के लिए खड़े देखकर दंग रह गए। उन्होंने स्वप्न में भी नहीं सोचा था कि लोग उनके उपदेशों और व्यक्तित्व से इतने अधिक प्रभावित हैं कि वे उनकी एक झलक पाने के लिए कहीं भी पहुँच सकते हैं।

रामनंद में उनका मर्मस्पर्शी भाषण हुआ। स्वामीजी ने रामेश्वरम् से पूरे देश का आह्वान किया। वे वहाँ उपस्थित भारी जनसमुदाय से बोले, 'यह देखो, भारत माता धीरे-धीरे आँखें खोल रही है। वह कुछ देर सोई थी। उठो, उसे जगाओ और पहले की अपेक्षा और भी गौरवमंडित करके भक्तिभाव से उसे उसके चिरंतन सिंहासन पर प्रतिष्ठित कर दो।' स्वामीजी की ओजस्वी वाणी से समूचे जनमानस में देशभक्ति की लहर दौड़ गई। उन्होंने अपने देश को स्वतंत्र कराने के लिए कमर कस ली। वहाँ उपस्थित प्रत्येक देशवासी ने यह संकल्प लिया कि वे अपने देश के लिए हर संभव काम को तन-मन-धन से समर्पित होकर करेंगे।

स्वामी विवेकानंद के जागरण के कारण ही देश के नौजवानों ने अपनी जवानी को भारतमाता के चरणों में समर्पित करने की ठान ली। प्रत्येक युवा स्वामी विवेकानंद की वाणी से इस कदर बिंध गया कि उनके लिए सर्वोपरि कार्य भारत की स्वतंत्रता हो गया। स्वामी विवेकानंद की ओजस्वी वाणी के कारण ही अनेक भारतीयों ने देश की बलिवेदी पर खुशी-खुशी अपने प्राण न्योछावर किए।

□

संन्यासी का अर्थ

एक बार स्वामी विवेकानंद अपने विदेशी अनुयायियों के सामने विभिन्न विषयों पर अपनी राय प्रकट कर रहे थे। तभी एक विदेशी अनुयायी उनसे बोले, 'स्वामीजी, संन्यासी का क्या अर्थ होता है?' विदेशी अनुयायी का प्रश्न सुनकर स्वामीजी मुसकराते हुए बोले, 'मैं जिस संप्रदाय में शामिल हूँ, उसे संन्यासी संप्रदाय कहते हैं। संन्यासी शब्द का अर्थ है—जो व्यक्ति सम्यक् भाव से त्याग करता है।' तभी एक जिज्ञासु बोला, 'स्वामीजी, यह संप्रदाय कितना पुराना है?' स्वामीजी बोले, 'यह एक अति प्राचीन संप्रदाय है। ईशु के जन्म से 560 साल पहले बुद्ध भी इसी संप्रदाय में शामिल थे। वे अपने संप्रदाय के अन्यतम संस्कारक मात्र थे। यहाँ तक कि पृथ्वी के प्राचीनतम ग्रंथ 'वेद' में भी संन्यासी का उल्लेख है। संन्यासी संप्रदाय का मतलब चर्च, यानी गिरजा नहीं होता और इस संप्रदाय में शामिल लोग पुरोहित नहीं होते।'

यह सुनकर एक अन्य जिज्ञासु बोला, 'क्या संन्यासी और पुरोहित में अंतर है?' स्वामीजी बोले, 'संन्यासी और पुरोहित में जमीन-आसमान का फर्क है। संन्यासियों के पास कोई संपत्ति नहीं होती, उन लोगों की कोई संस्था नहीं होती। उन लोगों का एकमात्र गुरु-शिष्य का बंधन होता है। यह बंधन भारतवर्ष का अन्यतम वैशिष्ट्य है।'

तभी एक विदेशी जिज्ञासु बोला, 'स्वामीजी, संन्यासी का कार्य क्या होता है?' स्वामी विवेकानंद बोले, 'संन्यासी का सर्वप्रमुख और महत्त्वपूर्ण कार्य मानव-सेवा और लोक-सेवा होता है। वह मानव-सेवा करते समय

जाति, लिंग और हर भेद से परे होता है। संन्यासी जरूरतमंद को अपनी हरसंभव सेवा देना ही अपने जीवन का प्रमुख लक्ष्य मानता है। हमारे देश में संन्यासी का यही अर्थ है।' स्वामीजी के संन्यासी का अर्थ जानकर सभी विदेशी जिज्ञासु उनकी बातों से सहमत हो गए। अनेक विदेशी जिज्ञासु बोले, 'वाकई स्वामीजी भारत देश के संन्यासियों ने भारत की संस्कृति और सभ्यता को उच्चता प्रदान की है।'

□

सब जन एक समान

यह घटना उस समय की है, जब स्वामी विवेकानंद शिकागो के धर्म-सम्मेलन में व्याख्यान देकर हर जगह प्रसिद्ध हो चुके थे। वे अमरीका के जाने-माने व्यक्ति बन गए थे। उनका हृदय केवल भारतीयों के लिए ही नहीं, अपितु देश के अन्य पतितों और दीनों के लिए भी द्रवित होता था। एक बार वे रेलवे स्टेशन पर गाड़ी से नीचे उतर रहे थे, उनका भव्य स्वागत किया जा रहा था, तभी वहाँ पर एक नीग्रो कुली ने आगे बढ़कर उनसे हाथ मिलाते हुए कहा, 'बधाई! मुझे बेहद खुशी है कि मेरी जाति के एक व्यक्ति ने इतना बड़ा सम्मान प्राप्त किया है। इस देश के पूरे नीग्रो समुदाय को आप पर गर्व है।'

स्वामीजी ने मुसकराते हुए कुली से स्नेहपूर्वक हाथ मिलाया और नम्रता से बोले, 'धन्यवाद भाई।' उन्होंने उस नीग्रो कुली से यह नहीं कहा कि मैं नीग्रो नहीं हूँ। प्रसिद्धि की बुलंदियों पर पहुँचने के बाद भी स्वामी विवेकानंद जमीन पर टिके हुए व्यक्ति थे। अमरीका के अनेक दक्षिण राज्यों में उन्हें नीग्रो समझकर होटलों में नहीं रहने दिया गया, लेकिन उन्होंने कभी इसका विरोध नहीं किया और न ही यह कहा कि मैं भारत का हूँ।'

एक बार उनके पश्चिमी शिष्य ने उनसे कहा कि 'स्वामीजी, ऐसी परिस्थितियों में आपको बताना चाहिए कि आप भारतीय हैं और आपने पूरे विश्व को अपने चमत्कृत व्याख्यान से हिला दिया है।' इस पर स्वामीजी बोले, 'लोग चाहे मुझे नीग्रो कहें या पतित, मुझे कोई फर्क नहीं पड़ता।

मेरी नजरों में नीग्रो, पतित, दलित और सवर्ण सभी एक समान हैं। मैं दूसरों को नीचा दिखाकर ऊपर उठूँ, इसलिए पृथ्वी पर नहीं आया हूँ।' स्वामी विवेकानंद की बातें सुनकर वह पश्चिमी भक्त उनके आगे नतमस्तक हो गया।

□

स्वभाव का जादू

यह घटना उस समय की है, जब स्वामी विवेकानंद अमरीका जाने की तैयारियाँ कर रहे थे। अमरीका जाने से पूर्व वे माँ शारदा का आशीर्वाद लेने के लिए गए और उनसे बोले, 'माँ, मैं ज्ञान-प्राप्ति और भारतीय अध्यात्म के गूढ़ स्वरूप को दरशाने के लिए अमरीका जा रहा हूँ। मुझे आपका आशीर्वाद चाहिए, ताकि मैं अपने कार्य और उद्देश्य में सफलता प्राप्त करूँ।' स्वामी विवेकानंद की बात सुनकर माँ शारदा स्थिर रहीं। उनके चेहरे पर कोई प्रतिक्रिया नहीं हुई। यह देखकर स्वामी विवेकानंद दोबारा से यही बोले।

माँ शारदा अब उनका चेहरा देखने लगीं और बोलीं, 'बेटा, जरा कमरे की ताक में पड़े चाकू को यहाँ लेकर आना।' अपने प्रश्न पर माँ शारदा को यह बोलते देख विवेकानंद ने चाकू लाकर माँ शारदा के हाथों में रख दिया। चाकू हाथ में लेकर माँ शारदा ने विवेकानंद पर आशीर्वाद की झड़ी सी लगा दी। यह देखकर स्वामी विवेकानंद बोले, 'माँ, भला चाकू का आशीर्वाद से क्या संबंध है ?' अब माँ ने मुसकराते हुए जवाब दिया, 'बेटा, जब मैंने तुमसे चाकू माँगा तो तुम चाकू का फल तो अपने हाथ में पकड़े रहे और मुझे दूसरी ओर से चाकू थमा दिया। इससे मैं समझ गई कि तुम सारी बुराइयों को अपने पास रखकर लोगों की भलाई करोगे। स्वयं चाहे विष ले लो, परंतु लोगों में अमृत ही बाँटोगे। मैं तुम्हें हृदय से यह आशीर्वाद दे रही हूँ।'

माँ शारदा की बात सुनकर स्वामी विवेकानंद बोले, 'पर माँ, मैंने तो यह सब सोचा भी नहीं था। मैं चाकू का फल इसलिए पकड़कर लाया, ताकि उसे

पकड़ते समय तुम्हें चोट न पहुँचे।' इस पर माँ प्रसन्नचित्त होकर बोलीं, 'यह तो और भी अच्छा है। तुम्हारे तो स्वभाव में ही भलाई है, तुम कभी किसी का बुरा नहीं करोगे। तुम स्वभाव से ही संत हो।' इस तरह माँ से सफलता का आशीर्वाद पाकर स्वामी विवेकानंद प्रसन्नचित्त मन से अमरीका जाने की तैयारी में जुट गए।

□

परमहंस का संदेश

स्वामी विवेकानंद स्वामी रामकृष्ण परमहंस के सबसे प्रिय शिष्य थे। वे विवेकानंद को अपने सबसे करीब पाते थे। सभी शिष्य इस बात से परिचित थे कि स्वामी रामकृष्ण परमहंस अत्यंत ज्ञानी एवं उच्च कोटि की आध्यात्मिकता में रत व्यक्ति हैं। सभी उनके अनुयायी बनकर स्वयं को धन्य समझते थे, लेकिन मृत्यु तो अटल है। एक दिन उसने स्वामी रामकृष्ण परमहंस को भी अपनी चपेट में ले लिया। उनके देहावसान के बाद उनके सभी शिष्यों और अनुयायियों में रोष छा गया। हर ओर मातम का माहौल पसरा हुआ था।

कुछ दिनों तक तो स्वामी विवेकानंद भी स्वामी रामकृष्ण परमहंस के पंचतत्त्व में विलीन होने के कारण मायूस और चिंतित रहे, लेकिन फिर उन्होंने अपने आप को सँभाल लिया, आखिर रामकृष्ण परमहंस की शिक्षा और संदेश को भी तो जन-जन तक फैलाना था। वे परमहंस के शिष्यों को दु:ख में डूबे हुए देखकर बोले, 'मित्रो, गुरुदेव ने हमें कोई संपत्ति तो दी नहीं है, मात्र संदेश देकर गए हैं कि हमें किस प्रकार संयमित जीवन जीकर लोक-मंगल का कार्य करना है। हमें उनके इस संदेश को जन-जन तक पहुँचाना है।'

उनकी बात सुनकर एक शिष्य बोला, 'स्वामीजी, गुरुजी के संदेश को जन-जन तक फैलाकर हमें क्या हासिल होगा?' स्वामी विवेकानंद बोले, 'मित्रो, उनके संदेश को जन-जन तक फैलाकर हम अपनी भारतीय संस्कृति को पुन: जाग्रत् कर साधन एकत्र कर लेंगे। इस समय हमें देश को जगाना

है। गुरुजी ने हमें भारतीय संस्कृति के अध्यात्म और ज्ञान की उच्चकोटि के दर्शन कराए हैं। हमें उनके इसी संदेश के माध्यम से अपने भारत को जगाना होगा, उसे विश्व के शीर्ष पर स्थापित करना होगा। याद रखो, हमारा भारत सचमुच पूरे विश्व में अद्‌भुत है, जहाँ पर सद्‌गुणों और सच्चरित्र की मिसाल देखने को मिलती है।'

स्वामी विवेकानंद की बातों से सभी शिष्यों ने दृढ़ संकल्प लिया कि वे परमहंस के संदेश को पूरे विश्व में फैलाएँगे और ऐसा हुआ भी। आज उसी संदेश का जादू है, जो 'रामकृष्ण मिशन' के नाम से जाना जाता है।

□

कटु शब्द

जन्म से कोई महान् नहीं बनता। महान् व्यक्तित्व बनाने के लिए बचपन से व्यक्ति के व्यक्तित्व को उसी परिवेश में ढालना पड़ता है। स्वामी विवेकानंद भी बचपन से अत्यंत वाचाल और नटखट थे। वे भी हर बच्चे की तरह शरारती थे और शरारत में कई बार गलतियाँ भी कर जाते थे, लेकिन उनकी सजा के अनोखे ढंग ने उनके व्यक्तित्व को तराशकर हीरे में परिवर्तित कर दिया था। एक बार नरेन किसी खेल में मग्न थे। तब उनकी माता ने उन्हें किसी काम के लिए कहा, लेकिन खेल में मग्न नरेन का इस ओर ध्यान नहीं गया। जब माता ने एक-दो बार उन्हें कार्य की याद दिलाई तो उन्होंने माता के प्रति कुछ कटु शब्दों का प्रयोग कर दिया। माता यह सुनकर वहाँ से चली आईं और चंचल नरेन खेलते रहे, मानो कुछ हुआ ही न हो।

नरेन के पिता विश्वनाथ ने पुत्र की इस हरकत को देख लिया। वे उस समय शांत रहे और कुछ नहीं बोले। उन्होंने पुत्र की भर्त्सना भी नहीं की। जब उनके मित्र चले गए तो वे नरेन को अपने साथ उस कमरे में लेकर गए, जहाँ पर नरेन अपने मित्रों के साथ वार्त्तालाप और पढ़ाई-लिखाई करते थे। उनके पिता ने कमरे की दीवार पर बड़े-बड़े अक्षरों में लिख दिया—'नरेंद्र बाबू ने आज अपनी माता के प्रति इन दुर्वचनों का प्रयोग किया है।' इसके बाद उन्होंने नरेंद्र को उन शब्दों को पढ़ने के लिए कहा। नरेंद्र को उन शब्दों को पढ़कर अत्यंत ग्लानि और लज्जा का अनुभव हुआ। उन्हें लगा कि वाकई

उन्होंने माता के प्रति कटु शब्दों का प्रयोग कर बहुत बड़ी गलती की है और वे वास्तव में सजा के हकदार हैं। यह लज्जा और पश्चात्ताप उन्हें आजीवन याद रहा। उन्होंने माता से अपनी गलती की माफी माँगी। इस सजा ने उनके व्यक्तित्व को परिष्कृत करने में महत्त्वपूर्ण भूमिका निभाई।

□

समभाव का भाव

एक बार स्वामीजी कुछ उच्च वंशीय शिक्षित व धनी व्यक्तियों के साथ वार्त्तालाप कर रहे थे। धनी व उच्च वंशीय शिक्षित व्यक्तियों ने उन्हें चारों ओर से घेरा हुआ था और अपने-अपने प्रश्न कर रहे थे। स्वामीजी सबका जवाब दे रहे थे। तभी उनकी नजर कुछ दूर खड़े अपने एक निर्धन शिष्य पर पड़ी, जो मलिन वेष में खड़ा उन्हें निहार रहा था। स्वामीजी ने अत्यंत आशा भरी नजरों से उसे अपनी ओर ताकते देखकर अपने पास बुलाया। निर्धन शिष्य प्रसन्नता से मुसकराते हुए उनके पास आया। उसने उनके समीप पहुँचकर उनके चरण स्पर्श किए।

स्वामीजी ने उसे अपने समीप बैठा लिया और उसे भी वार्त्तालाप में शामिल कर लिया। वह उससे बोले, 'और बताओ, तुम्हारे साथ के अन्य शिष्य कैसे हैं? क्या कर रहे हैं?' जब शिष्य ने देखा कि स्वामीजी उससे अत्यंत आनंदित होकर प्रेमपर्वूक बातें कर रहे हैं तो वह उनकी बातों का जवाब देने लगा। इसी बीच वहाँ बैठे उच्च शिक्षित और धनी व्यक्ति मूक दर्शक बनकर उनके वार्त्तालाप को सुनते रहे। यह दृश्य देखकर अनेक परिचित और भक्तगण भी अत्यंत विस्मित हुए कि एक प्रतिष्ठित, यश व सम्मान प्राप्त करके भी स्वामीजी अत्यंत उदार, स्नेहपरायण, मित्र-वत्सल और समभाव रखनेवाले संन्यासी हैं।'

जब वह निर्धन शिष्य वहाँ से चला गया तो उनके एक धनी शिष्य ने कहा, 'स्वामीजी, उस शिष्य के समक्ष आप तो मानो हमें भूल ही गए थे।'

इस पर स्वामीजी मुसकराते हुए बोले, 'नहीं, मैं भूला नहीं था, बल्कि अपने शिष्य को यह बताने का प्रयास कर रहा था कि मैं वही स्वामी हूँ, जिसके सान्निध्य में उन्होंने ज्ञान प्राप्त किया है और मैं तब भी वही था और आज भी वही हूँ। मेरे लिए सभी बराबर हैं। हर किसी के लिए मेरे हृदय में समभाव है।' स्वामी विवेकानंद की यह बात सुनकर वहाँ उपस्थित सभी व्यक्ति उनके प्रति नतमस्तक हो गए।

□

दान का महत्त्व

एक बार किसी विदेशी ने पूछा, 'स्वामीजी, क्या दान देने से सचमुच आनंद प्राप्त होता है ? कृपया, हमें दान के बारे में थोड़ी जानकारी प्रदान करें। आप तो भारत देश से आए हैं, क्या वहाँ पर दान का महत्त्व है ?' विदेशी की बात पर स्वामीजी मुसकराकर बोले, 'मित्र! दान देने से वास्तविक आनंद प्राप्त होता है और दान विभिन्न तरह का हो सकता है। मसलन, मेरे भारत देश में अतिथि-सत्कार इस प्रकार का होता है कि वहाँ पर कोई व्यक्ति बिना अपने साथ कुछ लिये उत्तर से दक्षिण तक यात्रा कर सकता है और हर स्थान पर उसका ऐसा सत्कार होगा, मानो वह परम मित्र है। यह मेरे भारत देश की विशालता है। उसका हृदय इतना विशाल है। यह भी एक प्रकार का दान है। किसी व्यक्ति को शिक्षित करना, आर्थिक रूप से उसकी मदद करना, भूखे को भोजन कराना, भटके हुए को सही मार्ग दिखाना, जरूरतमंद की मदद करना सभी दान के रूप हैं। हाँ, दान करते समय मन की धारणा अवश्य सच्ची होनी चाहिए। केवल दिखावे के दान से दान का पुण्य नहीं मिलता। दान वह होता है, जो मूक होकर निस्स्वार्थ भाव से दिया जाता है।'

तभी एक अन्य विदेशी बोला, 'क्या दान धर्म का एक रूप है ?' उसकी बात पर स्वामीजी बोले, 'दान से बढ़कर और कोई धर्म नहीं है।' तभी एक अन्य शिष्य बोला, 'क्या दान देनेवाला व्यक्ति उस व्यक्ति से बेहतर है, जो दान नहीं करता।' स्वामीजी बोले, 'जो व्यक्ति निस्स्वार्थ भाव और प्रेम से दान करता है, वह उत्तम पुरुष है। प्रभु ने हाथ इसलिए बनाए हैं, ताकि इनके

माध्यम से हम नेक कर्म करें और सदा दान देते रहें। याद रखो, दान देने से व्यक्ति का धन, मान-सम्मान और ज्ञान सौ गुना बढ़ता है। दान से प्राप्त आनंद श्रेष्ठ होता है, जो जीवन में सुख देता है।' सभी विदेशी शिष्य दान का महत्त्व समझकर स्वामीजी से सहमत हो गए और उन्होंने संकल्प किया कि वे भी जीवन में निस्स्वार्थ भाव से हर संभव दान देने का प्रयास करते रहेंगे।

□

नरेंद्र से विवेकानंद

यह प्रसंग उस समय का है, जब स्वामी विवेकानंद अमरीका जाने की तैयारियों में लगे हुए थे। अमरीका में उनके व्याख्यान को लेकर अनेक भारतीय, राजा-महाराजा और गुरु प्रसन्नचित्त थे। सभी को पूर्ण विश्वास था कि नरेंद्र वहाँ पर भारत का नाम रोशन करके लौटेंगे। अभी तक वे लोगों के बीच में नरेन या नरेंद्र के नाम से ही जाने जाते थे। उन्हीं दिनों अमरीका जाने से पहले उन्हें खेतड़ी के महाराज का निमंत्रण आया। स्वामीजी उनके निमंत्रण को अस्वीकार नहीं कर सके। वे खेतड़ी के महाराज के पास पहुँचे। वहाँ पर उनका भव्य स्वागत किया गया। खेतड़ी के महाराज ने उनका हृदय से स्वागत किया। उन्होंने उन्हें अमरीका जाने के लिए अपनी तरफ से हर संभव मदद प्रदान की और आगे भी मदद देने का वचन दिया। इसके बाद वे स्वामीजी से बातें करने लगे। आध्यात्मिक बातें और भारत के बारे में अनेक चर्चाएँ चल निकलीं। स्वामीजी अपनी मधुर और चामत्कारिक वाणी से खेतड़ी महाराज को ज्ञान-विज्ञान की बातें बताते रहे। खेतड़ी महाराज स्वामीजी के मुख से निकले ज्ञान वचनों को सुनकर अपनी सुध-बुध खो बैठे।

अचानक कुछ सोचकर महाराज बोले, 'आपको अपना नाम बदल लेना चाहिए। आपको अपना नाम ऐसा रखना चाहिए, जो जन-जन को जाग्रत् करके उनके हृदयों में विवेक, सत्य और जागृति की लहर उत्पन्न कर सके।' इसके बाद वे सोचते हुए बोले, 'आज से आप विवेकानंद हैं। विवेकानंद—जो विवेक को हर पल अपने साथ रखे।' खेतड़ी महाराज की बातों को सुनकर

स्वामीजी मुसकराते रहे और उन्होंने इस नाम को अपना लिया। इसके बाद शिकागो में हुए धर्म-सम्मेलन में उन्हें पूरे विश्व में इसी नाम से जाना गया और आज यह नाम इतिहास में स्वर्णिम अक्षरों में दर्ज हो चुका है, जो आनेवाले युवाओं और पीढ़ियों को प्रगति एवं ज्ञान का मार्ग दिखा रहा है।

□

युवाओं के प्रेरणास्रोत

स्वामी विवेकानंद हमेशा से युवाओं के प्रेरणास्रोत रहे हैं और युगों-युगों तक रहेंगे। अपने जीवनकाल में भी वे युवाओं को देश के प्रति जाग्रत् किया करते थे। एक बार एक युवा ने उनसे पूछा, 'स्वामीजी, भारत में धर्म-निरपेक्षता और सभी व्यक्तियों में प्रत्येक धर्म के प्रति प्रेम उत्पन्न करने के लिए क्या करना चाहिए?' स्वामीजी बोले, 'मुझे लगता है कि भारत में धर्म-निपरेक्षता के लिए हमें एक मंदिर बनाना चाहिए। उस मंदिर को हम गैर-सांप्रदायिक मंदिर बनाएँगे, एकमात्र उपास्य हो, जो हमारे सभी धर्म-संप्रदायों का प्रतीक है...इस मंदिर के साथ एक संस्था हो, जिसमें ऐसे शिक्षक तैयार किए जाएँ, जो हमारे लोगों में धर्म-प्रचार एवं लौकिक शिक्षा देने हेतु सर्वत्र भ्रमण करें। ऐसे शिक्षकों को हमारे युवाओं को यह बताना होगा कि हर धर्म का उद्‍देश्य एक है। सभी धर्म लोक-कल्याण की भावना के साथ जुड़े हैं।'

स्वामीजी की बात पर एक अन्य युवा बोला, 'स्वामीजी, आप ऐसे लोगों को किनके बीच में से चुनेंगे?' इस पर स्वामीजी बोले, 'मेरा विश्वास नई पीढ़ी में है, आधुनिक पीढ़ी में है, उनमें से ही हमें ऐसे कार्यकर्ता मिलेंगे। आप जैसे युवाओं के बीच में से हमें ऐसे कार्यकर्ता मिलेंगे, जो सिंह के जोश की तरह सारी समस्याओं के हल निकाल लेंगे।' तभी तीसरा युवा व्यक्ति बोला, 'स्वामीजी, युवाओं में देश को सुदृढ़ करने के लिए किन योग्यताओं का होना अनिवार्य है?' स्वामीजी बोले, 'युवाओं में तीन बातों का होना

अत्यंत अनिवार्य है। पहली, वह हर बात को हृदय से अनुभव करें; दूसरी, उपाय को जानें और तीसरी, अपना उद्‌देश्य पवित्र व अदम्य इच्छाशक्ति रखें। इन तीनों बातों से परिपूर्ण युवा हर मंजिल को प्राप्त कर सकता है।' सभी युवा स्वामीजी की बातों से सहमत हो गए।

शिक्षा की पद्धति

स्वामी विवेकानंद भारत को अत्यंत मजबूती प्रदान करना चाहते थे। वे भारत की सभी कमियों को दूर करना चाहते थे। पूरे यूरोप के अनेक नगरों की यात्रा करके जब वे वापस लौटे तो उनके एक शिष्य ने उनसे पूछा, 'स्वामीजी, यूरोप के अनेक नगरों की यात्रा करके आपने अपने देश और वहाँ में क्या फर्क महसूस किया?' शिष्य के प्रश्न पर स्वामीजी बोले, 'मैंने यूरोप के अनेक नगरों की यात्रा के दौरान गरीबों तक की सुख-सुविधाओं और उनकी शिक्षा को देखा, जिसके सामने मेरे मन में अपने गरीब लोगों की छवि उतर आई और मेरी आँखों से आँसू बह निकले। इतना अंतर क्यों? मुझे इस प्रश्न का उत्तर मिला, शिक्षा! शिक्षा से आत्मविश्वास पैदा होता है, आत्मविश्वास से अंतर में बैठा ब्रह्म जागता है, जबकि हमारा ब्रह्म शनैः-शनैः शांत होता जा रहा है।'

इस पर शिष्य बोला, 'परंतु स्वामीजी, शिक्षा तो हमारे देश में भी है।' इस पर स्वामीजी बोले, 'मित्र, केवल जानकारी का वह ढेर शिक्षा नहीं कहला सकता, जिसे तुम्हारे दिमागों में ठूँस-ठूँसकर भर दिया जाता है और जो बिना आत्मसात् हुए वहाँ जीवन भर उपद्रव मचाया करता है। हमें शिक्षा और विचारों को इस प्रकार आत्मसात् करना चाहिए कि उनके द्वारा हमारा जीवन-निर्माण हो सके, हमारा चारित्रिक गठन हो सके और हम मनुष्य बन सकें। यदि व्यक्ति केवल पाँच भावों को आत्मसात् कर तदनुसार अपने जीवन और चरित्र का गठन कर सके तो उस मनुष्य की अपेक्षा कहीं अधिक शिक्षित

हो, जिसने पूरा–का–पूरा पुस्तकालय कंठस्थ कर रखा हो।'

स्वामीजी की बात पर उनका शिष्य बोला, 'स्वामीजी, हमारी शिक्षा कैसी होना चाहिए?' स्वामीजी बोले, 'शिक्षा हमारी राष्ट्रीय आवश्यकताओं के अनुरूप हो और जहाँ तक हो सके, राष्ट्रीय पद्धति से ही दी जानी चाहिए। शिक्षा का अर्थ मात्र किताबी ज्ञान देना नहीं, वरन् व्यावहारिक ज्ञान प्रदान करना भी होना चाहिए। शिक्षा व्यक्ति के आत्मविश्वास और सद्गुणों को उभारने में सहायक होनी चाहिए।' स्वामीजी से शिष्य शिक्षा की पद्धति के बारे में जानकर उनसे सहमत हो गया।

□

भाग्य क्या है?

एक बार स्वामीजी अपने शिष्यों के साथ बैठे हुए कर्म, भाग्य और संयोग के बारे में चर्चा कर रहे थे। स्वामीजी का एक शिष्य बोला, 'स्वामीजी, आखिर भाग्य क्या है? क्या यह वास्तव में होता है और यदि होता है तो कैसा होता है?' शिष्य का प्रश्न सुनकर स्वामीजी मुसकराकर बोले, 'तुमने बहुत गूढ़ और महत्त्वपूर्ण प्रश्न पूछा है। भाग्य चपला स्त्री के समान है—जो उसे चाहता है, उसकी वह परवाह नहीं करती, पर जो उसकी परवाह नहीं करता, वहाँ पर वह चुपके से चली जाती है। जिसे धन की कोई कामना नहीं, लक्ष्मी उसके घर छप्पर फाड़कर आती है। इस प्रकार नाम-यश भी अचानक ही बेशुमार मिल जाता है।'

यह सुनकर दूसरा शिष्य बोला, 'इसका अर्थ तो यह हुआ कि जो व्यक्ति दिन-रात कर्म में निरत है, वह व्यर्थ ही मेहनत कर रहा है, क्योंकि भाग्य तो आलसी और अकर्मण्य व्यक्ति के पास भी जा सकता है।' इस पर स्वामीजी मुसकराकर बोले, 'नहीं, तुम गलत कह रहे हो और मेरी बात का भी गलत अनुमान लगाकर बैठे हो। दरअसल मैं यह कहना चाह रहा हूँ कि हम स्वयं अपने भाग्य के विधाता हैं। हमारा भाग्य यदि खोटा है तो भी कोई दूसरा दोषी नहीं और यदि हमारे भाग्य अच्छे हों तो भी कोई दूसरा प्रशंसा का पात्र नहीं।'

इस पर पहला शिष्य बोला, 'इसका अर्थ तो यह हुआ कि भाग्य हमारे स्वयं के हाथों में ही कैद है।' स्वामीजी बोले, 'बिल्कुल, सही कहा तुमने। अब तुम देखो, वायु सर्वदा बह रही है। जिन-जिन जहाजों के पाल खुले

रहते हैं, वायु उन्हीं का साथ देती है और वे आगे बढ़ जाते हैं, पर जिनके पाल नहीं खुले रहते, उनपर वायु नहीं लगती तो क्या यह वायु का दोष है? भाग्य कुछ और नहीं, बल्कि हमारा कर्म है। कर्म ही भाग्य को बनाता और बिगाड़ता है।' स्वामी विवेकानंद के शिष्य भाग्य के बारे में जानकर संतुष्ट हो गए। उन्होंने मन में दृढ़ संकल्प लिया कि वे हमेशा सत्कर्म ही करेंगे और अपने को धन्य बनाएँगे।

□

मनुष्य की सार्थकता

स्वामी विवेकानंद के पास अनेक व्यक्ति अपनी समस्याओं के समाधान के लिए आते रहते थे। एक दिन एक व्यक्ति उनके पास आया और बोला, 'स्वामीजी, यों तो हम सभी मनुष्य हैं, लेकिन वास्तव में मनुष्य कहते किसे हैं ?' स्वामीजी बोले, 'मित्र, मनुष्य को तभी तक मनुष्य कहा जा सकता है, जब तक वह प्रकृति से ऊपर उठने के लिए संघर्ष करता है।' यह सुनकर वह व्यक्ति बोला, 'आखिर यह मनुष्य जीवन है क्या ?' इस पर स्वामीजी बोले, 'जिस प्रकार एक जलस्रोत स्वाधीन भाव से बहते-बहते किसी गड्ढे में गिरकर एक भँवर के रूप में बाहर आकर अनिर्बंध रूप से बह निकलता है, उसी प्रकार यह मनुष्य-जीवन भी है।'

स्वामीजी के द्वारा समझाई गई बातों को सुनकर व्यक्ति फिर बोला, 'क्या कुछ लोग ऐसे भी हैं, जो मनुष्य होकर भी मनुष्य नहीं हैं।' स्वामीजी बोले, 'हाँ बिल्कुल, कई लोग ऐसे हैं, जो मनुष्य होकर भी मनुष्य नहीं हैं। जो सद्कर्म न करके स्वार्थ में लिप्त हैं, बेईमानी और भ्रष्टाचार में लिप्त हैं, ऐसे मनुष्य मनुष्य कहलाने के हकदार नहीं हैं।'

इस पर व्यक्ति बोला, 'तो क्या स्वामीजी, मनुष्य बनकर व्यक्ति जीवन के सभी सुखों को पा सकता है।' स्वामीजी बोले, 'हाँ, मित्र! व्यक्ति एक बार मनुष्य बनकर कार्य करने लगे तो वह स्वयं देखेगा कि वे सब चीजें उसका अनुसरण करने लगी हैं, जिनकी कामना वह करता है और जिन्हें पाना चाहता है। परस्पर के घृणित द्वेषभाव को छोड़ो और सोद्देश्य, सदुपाय, सत्साहस

एवं सद्वीर्य का अवलंबन करो। तुमने मनुष्य योनि में जन्म लिया है तो अपनी कीर्ति यहाँ छोड़ जाओ। मनुष्य योनि में जन्म लेने का अर्थ ही है कि अपने कार्यों से इस समाज और देश को प्रगति की ओर ले जाना, इसे श्रेष्ठ वस्तुएँ प्रदान करने में अपना सहयोग देना।'

स्वामीजी की बातें सुनकर वह व्यक्ति बोला, 'स्वामीजी, आज आपने मुझे मनुष्य जीवन की गूढ़ बातें बताकर मेरा जन्म सफल कर दिया है। मैं आज से ही अपने मनुष्य जीवन को सार्थक बनाने के लिए नेक और श्रेष्ठ कर्म करूँगा।' इसके बाद वह व्यक्ति स्वामीजी से आशीर्वाद लेकर वहाँ से चला गया।

□

एकाग्रता का जादू

यह घटना उस समय की है, जब स्वामी विवेकानंद देश-भ्रमण में लगे हुए थे। उनके साथ उनका एक शिष्य भी था। स्वामी विवेकानंद जहाँ कहीं अच्छी पुस्तकें देखते, उन्हें तुरंत पढ़ डालते। वे जिस किसी स्थान पर जाते, वहाँ पर सबसे पहले पुस्तकालय की तलाश करते, ताकि समय मिलने पर पुस्तकों का अध्ययन कर सकें। एक स्थान पर उन्हें एक बड़े पुस्तकालय ने अत्यंत प्रभावित किया। उन्होंने निश्चय किया कि कुछ दिनों तक यहीं पर रुककर पुस्तकें पढ़ने का आनंद उठाया जाए। उनके शिष्य उन्हें पुस्तकायल से अंग्रेजी व संस्कृत की नई-नई पुस्तकें लाकर देते और अगले ही दिन उन्हें वापस करके दूसरी पुस्तकें ले जाते थे। पुस्तकालय का अधीक्षक यह बात नोट कर रहा था कि एक संन्यासी प्रतिदिन नई पुस्तकें ले जाता है और अगले दिन उन्हें वापस करके फिर दूसरी पुस्तकें ले जाता है।

एक दिन उसने स्वामी विवेकानंद के शिष्य को रोककर कहा, 'क्या आप इतनी सारी नई-नई पुस्तकें मात्र देखने के लिए ले जाते हैं? यदि इन्हें देखकर ही वापस करना है तो साथ ले जाने का क्या लाभ? तुम बेवजह बोझा भी ढोते हो।' अधीक्षक की बात सुनकर शिष्य गंभीरतापूर्वक बोला, 'मेरे गुरु इन पुस्तकों को पूरी गंभीरता से पढ़ते हैं, फिर वापस कर देते हैं।' यह सुनकर अधीक्षक हैरान होकर बोला, 'अगर ऐसा है तो मैं उनसे मिलना चाहूँगा।'

अगले दिन अधीक्षक स्वामी विवेकानंद से मिले और बोले, 'बड़ी हैरानी की बात है। आप पुस्तकों का अध्ययन इतनी जल्दी कैसे कर लेते हैं?' इस

पर स्वामी विवेकानंद बोले, 'महाशय, आप हैरान न हों। मैंने न केवल उन पुस्तकों को पढ़ा है, अपितु उनके अंश मुझे ज्यों-के-त्यों याद भी हैं।' इसके बाद उन्होंने अधीक्षक को एक पुस्तक का अंश सुनाया तो उनकी हैरानी की सीमा न रही। वह चकित होकर उनसे उनकी याददाश्त का रहस्य पूछने लगा। स्वामी विवेकानंद बोले, 'अगर पूरी तरह एकाग्र होकर पढ़ा जाए तो पुस्तक की विषय-वस्तु और सार दिमाग में अंकित हो जाता है। हाँ, इसके लिए यह आवश्यक है कि मन की धारण शक्ति अधिक-से-अधिक हो। यह शक्ति सतत अभ्यास से आती है।' स्वामी विवेकानंद की बातें सुनकर अधीक्षक उनसे अत्यंत प्रभावित हुआ।

□

भ्रम

एक बार स्वामी विवेकानंद के पास उनका एक शिष्य आकर बोला, 'स्वामीजी, क्या भ्रम से बलशाली व्यक्ति भी हार मान सकता है?' उसके प्रश्न पर स्वामी विवेकानंद बोले, 'हाँ, भ्रम बलशाली-से-बलशाली व्यक्ति को भी पराजित कर सकता है।' शिष्य बोला, 'कैसे स्वामीजी, कृपया विस्तारपूर्वक बताएँ?' स्वामीजी बोले, 'एक तत्त्वज्ञानी ने अपनी पत्नी से कहा, 'संध्या आनेवाली है। काम समेट लो।' तत्त्वाज्ञानी की बात पर पत्नी जल्दी-जल्दी काम करने लगी। कुटिया के समीप ही एक सिंह ने इस बात को सुना। उसे लगा कि संध्या कोई बहुत बड़ी शक्ति है, जिससे डरकर एक तत्त्वज्ञानी भी अपना सामान समेटने को विवश है। यह सोचकर सिंह चिंता में पड़ गया और उसे संध्या का भय सताने लगा। कुछ ही दूरी पर एक धोबी अपने गधे पर कपड़े समेटकर वापस आने की तैयारी कर रहा था, लेकिन जब उसने गधे को अपने स्थान पर नहीं पाया तो वह उसे ढूँढ़ने लगा। रात घिर आई। मौसम का मिजाज बदल गया और कुछ ही देर में वर्षा होने लगी। झाड़ियों के समीप ही धोबी को खड़खड़ाहट सुनाई दी। उसे लगा कि गधा वहीं छिपा है। वह डंडे से उसे पीटने लगा। धोबी उसे घसीटते हुए बाहर ले आया और उसपर कपड़े लादकर अपने स्थान की ओर चल पड़ा।

दरअसल धोबी जिसे अपना गधा समझ रहा था, यह वही सिंह था, जो संध्या की बात सुनकर आया था। रास्ते में उसे एक दूसरा सिंह मिला। उसने अपने साथी की दुर्गति देखी तो बोला, 'क्या हुआ?' सिंह डरते-डरते

बोला, 'मैं संध्या के चुंगल में फँस गया हूँ। वह बुरी तरह पीटती है और वजन लादती है।' जबकि संध्या नाम का कोई प्राणी था ही नहीं। यह मात्र सिंह का भ्रम था, जो संध्या, यानी शाम को एक खतनारक प्राणी समझ बैठा और जिसके भय के कारण उसने अपनी ताकत को ताक पर रख दिया था। इसीलिए उसने धोबी को बड़ा देव-दानव समझ लिया और भार एवं प्रहार बिना सिर हिलाए स्वीकार कर लिया।'

उसकी बात सुनकर शिष्य बोला, 'स्वामीजी, आप सही कहते हैं। भ्रम ताकतवर व्यक्ति को भी पराजित कर सकता है।' इस पर स्वामी विवेकानंद बोले, 'भ्रम अकसर उन लोगों को ही होता है, जो वास्तविकता से परिचित नहीं होते।'

□

सत्य का साथ

यह घटना उस समय की है, जब स्वामी विवेकानंद नरेन के नाम से जाने जाते थे। उनकी माँ उन्हें हमेशा ज्ञान और सदाचार की बातें बताती थीं और उनपर अमल करने के लिए कहती थीं। एक दिन नरेंद्र कक्षा में बैठे हुए थे। भूगोल के शिक्षक पाठ पढ़ा रहे थे। उन्होंने नरेंद्र से एक प्रश्न पूछा। नरेंद्र ने बिल्कुल सही जवाब दिया, लेकिन उस समय शिक्षक का ध्यान कहीं ओर था। इसलिए उन्हें लगा कि नरेंद्र ने गलत जवाब दिया है। वे नरेंद्र से बोले, 'तुम्हारा जवाब गलत है।' नरेंद्र बोले, 'नहीं सर, मैंने जवाब बिल्कुल सही दिया है।' बालक नरेंद्र ने अपना जवाब दोहरा दिया। वह सही था, लेकिन शिक्षक को अपनी गलती मानने में हिचक महसूस हो रही थी। इसलिए वह बार-बार कहते रहे कि नरेंद्र ने पहले गलत जवाब दिया था और अब सही जवाब दिया है। जब भी वे ऐसा बोलते तो नरेंद्र तपाक से कहता, 'नहीं सर, मैंने पहले भी सही जवाब ही दिया था।'

नरेंद्र के बार-बार ऐसा बोलने पर शिक्षक को क्रोध आ गया। उन्होंने क्रोधवश उसे सजा दे दी। स्कूल से घर लौटने पर नरेंद्र ने अपनी माँ को यह बात बताई तो वे बोलीं, 'बेटा, यदि तुम्हारा जवाब सही था और तुम से कोई भूल नहीं हुई थी तो तुमने सही किया। व्यक्ति को हर स्थिति में सत्य का ही साथ देना चाहिए। हाँ, एक बात अवश्य याद रखना कि सत्य सबसे बड़ा होता है, उसके लिए सबकुछ त्याग किया जा सकता है, परंतु सबकुछ पाने के लिए सत्य का त्याग कदापि नहीं करना चाहिए।'

बालक माँ की बात सुनकर बोला, 'माँ, सबकुछ पाने के लिए हम सत्य का त्याग करेंगे तो क्या होगा?' माँ बोलीं, 'बेटा, यदि सत्य को त्याग कर तुम सबकुछ पा भी लोगे तो उसका कोई औचित्य नहीं रह जाएगा और न ही तुम्हारे जन्म व मृत्यु में फर्क रह पाएगा। व्यक्ति को जीवित रहकर इस संसार में सद्कर्म, सदाचार और सत्य का पालन अवश्य करना चाहिए।' माँ की बातें बालक नरेंद्र ने न सिर्फ जीवन भर याद रखीं, बल्कि उनका पालन भी किया।

□

आत्मसंयम का अभ्यास

स्वामी विवेकानंद आत्मसंयम को जीवन में अनिवार्य मानते थे। एक बार उनके पास एक युवक आकर बोला, 'स्वामीजी, मुझे एक व्यक्ति ने अपशब्द बोले हैं। मुझे उसपर इतना अधिक क्रोध आ रहा है कि मैं उसे जान से मारने की योजना बना रहा हूँ। मेरी पत्नी ने मुझे समझाने की कोशिश की तो मैं उसपर भी भड़क उठा। आखिरकार उसने मुझे कहा कि मैं एक बार आपसे इस विषय में बातचीत करके आऊँ। वह आप को बहुत मानती है। इसलिए आप जो कहेंगे, मुझे मंजूर होगा।'

युवक की बात सुनकर स्वामीजी स्वाभाविक मुसकान के साथ बोले, 'एक बात बताओ, जिस युवक ने तुम्हें अपशब्द बोले हैं, उससे तुम्हें क्या फर्क पड़ा? अपशब्दों का प्रयोग करने से बोलनेवाले व्यक्ति की जबान खराब हुई। वह बोले या न बोले, तुम ऐसे ही रहोगे, लेकिन यदि तुम उसके अपशब्दों के बोलने पर क्रोधवश अनुचित कदम उठाते हो तो अवश्य तुम्हें कष्ट होगा। सिर्फ तुम्हें ही नहीं, तुम्हारी पत्नी, बच्चों और पूरे परिवार पर मुसीबतों का पहाड़ टूट पड़ेगा। इसलिए आत्मसंयम का अभ्यास करो। तुम यह सोचो कि उस व्यक्ति ने तुम्हारे सामने एक दर्पण रखा है और वह तुम्हें आत्मसंयम का अभ्यास करने का एक अवसर दे रहा है।' स्वामीजी की बात सुनकर युवक हैरानी से बोला, 'यह क्या स्वामीजी, आप यह क्या कह रहे हैं? भला मेरे बारे में अनुचित बोलनेवालों को मैं बिना कुछ कहे कैसे माफ कर सकता हूँ?' स्वामीजी बोले, 'अभी तुम उसे अपना शत्रु मान रहे हो। तुम भी अपशब्द

बोलोगे तो शत्रुता गहरी हो जाएगी, किंतु यदि तुम मूक रहकर अपने कार्य में लगे रहते हो तो वही शत्रु तुम्हारा मित्र भी बन सकता है। हो सकता है, वह तुमसे माफी भी माँग ले। ऐसा करने से आत्मसंयम के साथ-साथ तुम्हारे शत्रुओं की संख्या भी घट जाएगी। एक बार ऐसा करके देखो तो।'

स्वामी की बात मानकर वह युवक घर चला गया। लगभग एक सप्ताह बाद वह एक दूसरे युवक के साथ उनके पास आया और उन्हें प्रणाम करके बोला, 'स्वामीजी, आपका बहुत-बहुत धन्यवाद। सचमुच आपने मुझे न सिर्फ आत्मसंयम का पाठ पढ़ाया है, अपितु वास्तव में मेरे शत्रुओं को कम करने का अचूक नुस्खा भी बता दिया है। यह वही युवक है, जिसने मुझे अपशब्द बोले थे। इसने अपने कुकृत्य के लिए मुझसे माफी माँगी और मेरा मित्र बन गया।'

युवक की बात सुनकर स्वामीजी बोले, 'यदि सभी व्यक्ति ऐसा आत्मसंयम बरतने लगें तो देश की बहुत सारी समस्याओं का अंत हो जाए।'

□

कर्तव्य का पालन

एक दिन स्वामीजी मार्ग से गुजर रहे थे तो उन्होंने देखा कि दो बालक आपस में लड़ रहे हैं। पहला बालक दूसरे बालक को बोल रहा था, 'तेरे पिताजी तो जूते गाँठते हैं। यह छोटा काम होता है। मेरे पिताजी पंडित हैं। उनका सभी जगह बहुत सम्मान होता है। जब तू बड़ा होगा तो यही काम करेगा, पर मेरा नाम मेरे पिताजी की तरह आदर से लिया जाएगा।' पंडित बालक की बात सुनकर दूसरा बालक रो रहा था। यह देखकर स्वामी विवेकानंद उन बालकों के पास आए। उन्होंने बालक के आँसू पोंछे। फिर उन्होंने पंडित बालक की ओर देखा। उन्होंने दोनों बालकों को एक स्थान पर बैठाया और स्वयं भी उनके साथ बैठ गए। फिर वह पंडित बालक से बोले, 'बेटा, तुम अपने मित्र को निम्न श्रेणी का क्यों मानते हो?' इस पर बालक तपाक से बोला, 'क्योंकि इसके पिता छोटा काम करते हैं। इसलिए यह निम्न श्रेणी का हुआ।'

बालक की बात सुनकर स्वामीजी बोले, 'इस दुनिया में कोई काम छोटा या बड़ा नहीं होता। हर काम का अपनी जगह महत्त्व है। सूई छोटी सी होती है, लेकिन बताओ क्या बिना सूई के कपड़ा सिलना संभव है?' स्वामीजी की बात सुनकर पंडित बालक हैरानी से बोला, 'नहीं, सूई के बिना भला कपड़ा कैसे सिल सकता है?' स्वामीजी मुसकराकर बोले, 'अब तुम्हीं बताओ कि ऐसे में सूई का काम छोटा हुआ या बड़ा। कई बार जो काम छोटा सा लगता है, वह बहुत बड़ा और महत्त्वपूर्ण होता है। व्यक्ति को अपने कर्तव्यों का पालन

ईमानदारी से करना चाहिए। इनसान छोटा या बड़ा अपने अच्छे या बुरे कर्म से होता है, मात्र इससे नहीं कि वह कम महत्त्वपूर्ण लगनेवाला काम करता है।'

स्वामीजी की बात सुनकर पंडित बालक को अपनी गलती का एहसास हुआ। उसने अपने मित्र से माफी माँगी और बोला, 'आगे से मैं हमेशा नेक कर्म करूँगा और कभी भी किसी को अपशब्द नहीं बोलूँगा।' यह सुनकर दूसरा बालक भी मुसकराने लगा और दोनों साथ खेलने लगे। उन्हें प्रेम से खेलते देखकर स्वामीजी मुसकराकर आगे बढ़ गए।

□

समस्या का समाधान

एक दिन स्वामी विवेकानंद अपने शिष्यों के साथ बैठे हुए थे। तभी एक व्यक्ति उनके पास आया और बोला, 'स्वामीजी, मैं एक दुविधा में फँस गया हूँ। कृपया मेरी समस्या का समाधान करिए।' स्वामीजी बोले, 'कहिए, आपकी क्या समस्या है ?' वह व्यक्ति बोला, 'मैं अत्यंत निर्धन हूँ। मेरे समीप ही एक धनी व्यक्ति रहता है। वह हर समय मुझे अपमानित करता रहता है और मेरे निर्धन होने का मजाक भी उड़ाता है। कल उसे उसके एक संबंधी ने जान-पूछकर चोट पहुँचाई और उसका धन लूटकर ले गया। इन सबका एकमात्र गवाह मैं ही हूँ।'

वह धनी अभी अस्पताल में जीवन-मृत्यु से संघर्ष कर रहा है। पुलिस ने दोषी व्यक्ति को तलाशने की कोशिश की, लेकिन नाकाम रहे। मेरा मन कह रहा है कि मुझे अपने पड़ोसी का साथ देना चाहिए और उसके संबंधी को पकड़वा देना चाहिए, लेकिन दूसरी तरफ मेरे मन में यह बात भी आ रही है कि मेरा पड़ोसी दिन-रात मेरा मखौल उड़ाता था। आखिर आज उसे अपने किए दुष्कर्मों की सजा मिली है, ऐसे में मुझे चुप रह जाना चाहिए। मैं बड़े असमंजस में हूँ। अब आप बताएँ, मैं क्या करूँ ?'

व्यक्ति की बात सुनकर स्वामीजी बोले, 'मैं तो यही कहूँगा कि तुम्हें अपने पड़ोसी की सहायता करनी चाहिए। यदि तुम किसी मनुष्य की सहायता करना चाहते हो तो इस बात की कभी चिंता न करो कि उस व्यक्ति का व्यवहार तुम्हारे प्रति कैसा है या कैसा होना चाहिए। तुम अपने सही काम में

लगे रहे तो अवश्य सफल होओगे।' इस पर वह व्यक्ति बोला, 'पता नहीं, मेरे ऐसा करने का क्या परिणाम हो?' इस पर स्वामीजी बोले, 'तुम एक अच्छा कार्य करने जा रहे हो। सच का साथ दे रहे हो। जब तुम श्रेष्ठ एवं उत्तम कार्य करना चाहते हो तो यह सोचने का कष्ट मत करो कि उसका फल क्या होगा, क्योंकि उत्तम और श्रेष्ठ कार्य का फल सदैव मीठा और अच्छा होता है।'

स्वामीजी की बातें सुनकर व्यक्ति बोला, 'स्वामीजी, आपने मुझे सही राह दिखाई है। अब मैं फल की परवाह न करते हुए सत्य का साथ दूँगा।' इसके बाद वह वहाँ से चला गया।

□

सर्वोत्तम चरित्र

एक दिन स्वामी विवेकानंद अपने शिष्यों से वार्त्तालाप कर रहे थे और विभिन्न विषयों पर चर्चा कर रहे थे। अनेक विषयों से होते-होते चर्चा अचानक चरित्र की ओर मुड़ गई। एक शिष्य बोला, 'चरित्र की भी तो परिभाषा होती होगी? मेरे विचार में तो जो झूठ नहीं बोलता, वही चरित्रवान है।' उसकी इस बात पर दूसरा शिष्य बोला, 'मेरी नजर में तो जो पराई स्त्री की तरफ नजर उठाकर नहीं देखता, वही चरित्रवान है।' तीसरा शिष्य बोला, 'जो अपने कार्य में लीन रहता है, वही चरित्रवान है।' इस प्रकार सभी शिष्य अपने-अपने मत प्रकट करते रहे। तभी एक शिष्य स्वामी विवेकानंद से बोला, 'स्वामीजी, आप ही बताइए न कि सर्वोत्तम कोटि का चरित्र कैसा होता है और उस चरित्र की क्या विशेषताएँ होती हैं?'

शिष्य की बात सुनकर स्वामी विवेकानंद बोले, 'भंते, चरित्र व्यक्ति के जीवन का निर्माण करने में महत्त्वपूर्ण भूमिका निभाता है। चरित्र से ही उसकी पहचान होती है और चरित्र ही उसे अच्छे व बुरे व्यक्तियों की श्रेणी में खड़ा करता है।' इस पर दूसरा शिष्य बोला, 'स्वामीजी, आप तो हमें यह बताइए कि हम अपने चरित्र को कैसे उज्ज्वल बना सकते हैं और चरित्र को उज्ज्वल बनाने के लिए हमें क्या करना होगा?' स्वामीजी मुसकराकर बोले, 'इसके लिए तुम्हें ज्यादा कुछ करने की आवश्यकता नहीं है। यदि व्यक्ति स्वच्छ मन से जीवनयापन करे तो उसका चरित्र सदैव उज्ज्वल रहता है। इसके साथ ही

यदि उसमें ज्ञान, भक्ति और योग का सुंदर सम्मिश्रण हो जाए तो वह चरित्र सर्वोत्तम कोटि का हो जाता है।'

तीसरा शिष्य बोला, 'क्या मात्र चरित्र उज्ज्वल होने से हम जीवन की नैया पार कर सकते हैं?' शिष्य के प्रश्न पर स्वामीजी बोले, 'भंते, तुम यह देखो कि एक पक्षी को उड़ने के लिए तीन अंगों की आवश्यकता होती है—दो पंख और पतवार स्वरूप एक पूँछ। इसी तरह ज्ञान एवं भक्ति मानो दो पंख हैं और योग पूँछ, जो जीवन में सामंजस्य बनाए रखते हैं। इसलिए अपने जीवन में ज्ञान, भक्ति और योग का सामंजस्य बनाए रखो, चरित्र स्वयं उज्ज्वल होकर तुम्हें नई राह दिखाएगा।' स्वामीजी के जवाब से सभी शिष्य संतुष्ट हो गए।

सत्य का अस्तित्व

यह घटना उस समय की है, जब स्वामीजी लंदन में थे। एक दिन लंदन में स्वामी विवेकानंद और शारदानंद के व्याख्यान चल रहे थे। सभागार खचाखच भरा हुआ था। जब स्वामी विवेकानंद ने अपना व्याख्यान समाप्त किया तो अनेक लोग उनसे प्रश्न पूछने के लिए खड़े हो गए। एक वृद्ध व्यक्ति ने कहा, 'स्वामीजी, आप बहुत अच्छा बोलते हैं और आपका व्याख्यान अत्यंत प्रभावशाली रहा है। आपने सत्य के संदर्भ में बहुत ही सुंदर विचार यहाँ प्रस्तुत किए हैं, लेकिन मैं आपसे यह जानना चाहता हूँ कि सत्य का अस्तित्व कब और कैसे हुआ? क्या इस बारे में आप कुछ बता सकते हैं?' वृद्ध व्यक्ति यह बोलकर बैठ गया।

स्वामीजी बोले, 'आपने बहुत अच्छा प्रश्न किया है। सत्य का अस्तित्व तो मनुष्य जाति और इस ब्रह्मांड के अस्तित्व में आने पर ही प्रारंभ हो गया था। सत्य कोई वस्तु नहीं है। यह हृदय से निकला उद्‌गार है। जहाँ सरलता, निष्कपटता, प्रेम, करुणा, ममता, अहिंसा है, वहीं सत्य है। सत्य उतना ही प्राचीन है, जितने कि ये पर्वत, उतना ही प्राचीन है, जितनी कि यह मानवता, उतना ही प्राचीन है, जितना कि यह ब्रह्मांड और उतना ही प्राचीन है, जितना कि परमेश्वर। जहाँ ईश्वर है, वहाँ सत्य है।' स्वामीजी का यह जवाब सुनकर वह वृद्ध बोला, 'आप कह रहे हैं कि जहाँ ईश्वर है, वहाँ सत्य है। इसका अर्थ हुआ कि पृथ्वी पर सत्य नहीं हो सकता, क्योंकि ईश्वर पृथ्वी पर नहीं रहते।'

वृद्ध की बात पर स्वामीजी मुसकराकर बोले, 'आप बिल्कुल सही कह

रहे हैं। ईश्वर पृथ्वी पर नहीं, बल्कि हमारे हृदयों में वास करते हैं। हम सबके हृदय में ईश्वर है। बस जो अपने हृदय में बसे ईश्वर के दर्शन कर लेता है, वह सत्य के साथ रहता है और जो अपने हृदय के ईश्वर को नहीं देख पाता, उसे सत्य को जानने में कुछ समय लगता है।' स्वामीजी के इस जवाब पर पूरा सभागार तालियों से गूँज उठा। उस वृद्ध व्यक्ति ने स्वयं खड़े होकर तालियाँ बजाईं और बोला, 'स्वामीजी, आप सत्य कहते हैं। आज मैं सत्य से परिचित हो गया हूँ।'

□

ब्रह्मचर्य की शक्ति

स्वामीजी को पुस्तकों से अत्यंत लगाव था। समय मिलने पर वे अपना अधिकतर समय पढ़ने में लगाते थे। एक दिन मठ में नई 'ब्रिटानिका इनसाइक्लोपीडिया' खरीदी गई थी। स्वामी विवेकानंद एक दिन मठ में अपने एक शिष्य के साथ वहीं पर बैठे हुए थे, जहाँ पर ढेर सारी पुस्तकें और 'ब्रिटानिका इनसाइक्लोपीडिया' रखी हुई थी। शिष्य स्वामीजी से बातें कर रहा था। बातें करते-करते उसकी नजर पुस्तकों पर चली गई। पुस्तकों को देखकर वह बोला, 'स्वामीजी, मठ में इतनी अधिक पुस्तकें हैं कि इन्हें एक जीवन में पढ़ना तो अत्यंत असंभव है। भला कोई कहाँ तक और कब तक पढ़ सकता है?' शिष्य की बात पर स्वामीजी बोले, 'नहीं भंते, ऐसा नहीं है। यदि मन में दृढ़ लगन हो तो इन पुस्तकों को तो क्या तमाम पुस्तकों को पढ़ा जा सकता है।'

शिष्य बोला, 'स्वामीजी, बोलने के लिए तो कुछ भी कहा जा सकता है, किंतु व्यावहारिक रूप से पढ़ना तो असंभव ही है।' इस पर स्वामीजी ने 'ब्रिटानिका इनसाइक्लोपीडिया' की ओर इशारा करते हुए कहा, 'आप इन दस पुस्तकों में जो कुछ पूछना चाहते हैं, पूछ लें।' स्वामीजी का जवाब सुनकर शिष्य हैरत से बोला, 'क्या आपने इन पुस्तकों को पढ़ लिया है?' स्वामीजी बोले, 'तो क्या मैं बिना पढ़े बोल रहा हूँ?'

इसके बाद शिष्य ने उन दस खंडों से चुन-चुनकर अत्यंत कठिन विषयों से संबंधित प्रश्न पूछे। वह यह देखकर चकित रह गया कि स्वामीजी ने उन

प्रश्नों के उत्तर की पंक्तियाँ शब्दश: कह डालीं। शिष्य सभी प्रश्न पूछने के बाद बोला, 'स्वामीजी, भला यह चमत्कार कैसे हुआ?' स्वामीजी बोले, 'यह कोई चमत्कार नहीं है। एकमात्र ब्रह्मचर्य का पालन कर लेने पर सभी विद्याएँ एक मुहूर्त में ही सीखी जा सकती हैं—मनुष्य श्रुतिधर, स्मृतिधर बन जाता है।' स्वामीजी की बात से शिष्य सहमत हो गया।

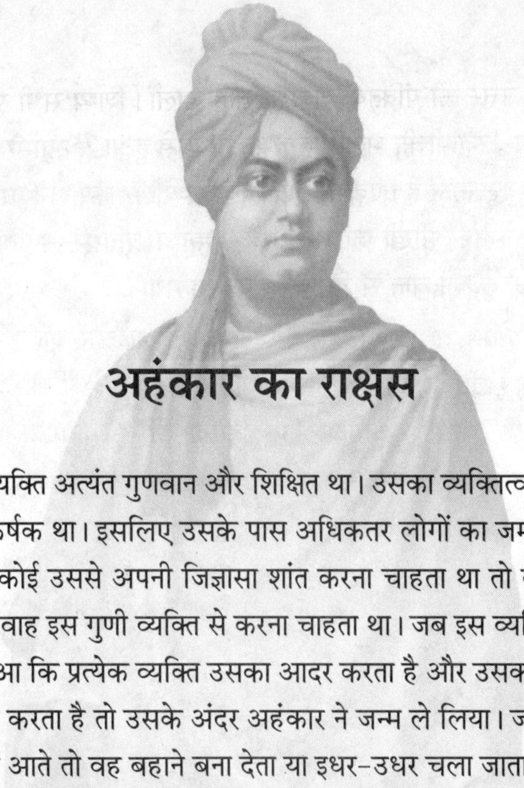

अहंकार का राक्षस

एक व्यक्ति अत्यंत गुणवान और शिक्षित था। उसका व्यक्तित्व भी अत्यंत आकर्षक था। इसलिए उसके पास अधिकतर लोगों का जमावड़ा लगा रहता था। कोई उससे अपनी जिज्ञासा शांत करना चाहता था तो कोई अपनी पुत्री का विवाह इस गुणी व्यक्ति से करना चाहता था। जब इस व्यक्ति को यह एहसास हुआ कि प्रत्येक व्यक्ति उसका आदर करता है और उसका साथ पाने की कामना करता है तो उसके अंदर अहंकार ने जन्म ले लिया। जब भी लोग उसके पास आते तो वह बहाने बना देता या इधर-उधर चला जाता। व्यक्ति ने सोचा कि आखिर लोगों को भी तो यह एहसास होना चाहिए कि मैं अनमोल हूँ। सहजता से हर किसी के लिए उपलब्ध होना तो दरिद्रता की निशानी है।

एक दिन स्वामी विवेकानंद का सामना इस व्यक्ति से हो गया। स्वामी विवेकानंद व्यक्ति के आचार-व्यवहार को देखकर समझ गए कि इसके अंदर अहंकार रूपी राक्षस ने अपने पैर जमा लिये हैं और उन्हें उखाड़ना अत्यंत आवश्यक है। वे उस व्यक्ति से बोले, 'हमारा जन्म इसलिए हुआ है, ताकि हम अपने मनुष्य-जीवन को सार्थक करें और सद्गुणों व सद्कर्म से अपने मार्ग पर चलें। जहाँ हमारे मार्ग में दुर्गुणों, जैसे अहंकार, ईर्ष्या, हिंसा, लोभ पाँव पसारने लगते हैं, वहाँ हम अपने मार्ग से भटक जाते हैं और गलत राह अपना लेते हैं।'

इस पर वह व्यक्ति बोला, 'स्वामीजी, मैं आपकी बातों का अर्थ नहीं समझा। कृपया, खुलकर बताएँ।' स्वामीजी बोले, 'मैं यह कहना चाहता हूँ

कि जब तक व्यक्ति में अहंकार का लेशमात्र भी रहेगा, तब तक उसके मन में सत्य धारणा कदापि नहीं हो सकती। तुम्हारे अंदर भी अहंकार ने अपनी जड़ें जमा ली हैं। इसलिए इस अहंकार रूपी शैतान को हृदय से निकाल फेंकना ही उचित है। ऐसा करके ही तुम अपने जीवन में सफल हो सकते हो और आध्यात्मिक अनुभूति का आनंद ले सकते हो।'

यह सुनकर वह व्यक्ति अत्यंत लज्जित हुआ और बोला, 'स्वामीजी, मुझे क्षमा कर दीजिए। मैं गलती पर था। मैं आज से, बल्कि अभी से इस अहंकार रूपी राक्षस का केवल अपने हृदय से ही नहीं, अपितु अपने जीवन से अंत करता हूँ।' उसकी इस बात पर स्वामी विवेकानंद उसे आशीर्वाद देकर अपने पथ पर आगे बढ़ गए।

□

ज्ञान का सार

स्वामी विवेकानंद अपने शिष्यों के बहुत से प्रश्नों का समाधान कर रहे थे। शिष्य तल्लीनता से स्वामी विवेकानंद को सुन रहे थे। एक शिष्य बोला, 'स्वामीजी, ज्ञान तो अपार है। हर ओर ज्ञान बिखरा पड़ा है। ऐसे में भला ज्ञान को कैसे समेटा जा सकता है? ज्ञान का सार क्या है?' शिष्य की बात पर स्वामी विवेकानंद बोले, 'एकाग्रता ही समस्त ज्ञान का सार है। एकाग्रता के बिना कुछ नहीं किया जा सकता।' इस पर शिष्य बोला, 'स्वामीजी, हम तो एकाग्र होकर सारे कार्य करते हैं, फिर भी ज्ञान प्राप्त नहीं कर पाते। भला ऐसा क्यों?' स्वामीजी बोले, 'तुम एकाग्र अवश्य होते हो, लेकिन पूर्ण रूप से नहीं। अधिकतर साधारण मनुष्य अपनी विचार-शक्ति का 90 प्रतिशत अंश व्यर्थ नष्ट कर देता है, इसलिए वह निरंतर भूलें करता रहता है। प्रशिक्षित मनुष्य अथवा मन कभी कोई भूल नहीं करता। जब मन एकाग्र होता है और पीछे मोड़कर स्वयं पर ही केंद्रित कर दिया जाता है तो हमारे भीतर जो भी है, वह हमारा स्वामी न रहकर दास बन जाता है।'

दूसरा शिष्य बोला, 'स्वामीजी, इसका अभिप्राय यह है कि हमारी एकाग्रता में कुछ कमी अवश्य रहती है। इसलिए हम पूर्ण ज्ञान प्राप्त करने में अक्षम हैं। अब आप यह बताएँ कि ज्ञान-प्राप्ति का उपाय क्या है?' स्वामीजी बोले, 'ज्ञान-प्राप्ति का एकमात्र उपाय एकाग्रता है। रसायनविद् अपनी प्रयोगशाला में जाकर अपने मन की समस्त शक्तियों को केंद्रीभूत करके जिन वस्तुओं का विश्लेषण करता है, उनपर प्रयोग करता है और इस

प्रकार वह उनके रहस्य जान लेता है। ज्योतिषी अपने मन की समग्र शक्तियों को एकत्र करके दूरबीन के भीतर से आकाश में प्रक्षिप्त करता है और बस सूर्य, चंद्र एवं तारे अपने-अपने रहस्य उसके निकट खोल देते हैं। एकाग्रता के माध्यम से व्यक्ति विश्व के हर रहस्य और कार्य को कर सकता है। एकाग्रता ही व्यक्ति की सफलता का राज है।'

स्वामी विवेकानंद की बातें सुनकर सभी शिष्य एक स्वर में बोले, 'स्वामीजी, आज से हम अपने चित्त को पूर्ण रूप से एकाग्र करने का प्रयास करेंगे और ज्ञान-प्राप्ति की ओर अग्रसर होंगे।' शिष्यों की बात सुनकर स्वामीजी मुसकराकर बोले, 'एकाग्रता ही जगत् में आगे बढ़ने का मार्ग है।'

□

मानव-प्रेमी

एक दिन स्वामी विवेकानंद के पास बहुत सारे व्यक्तियों का जमघट लगा हुआ था। सभी उनके समक्ष अपनी-अपनी समस्याएँ रख रहे थे। स्वामी विवेकानंद व्यक्तियों की समस्याओं का समाधान कर रहे थे। एक व्यक्ति बोला, 'स्वामीजी, मुझे जीवन में न तो आत्मिक शांति प्राप्त होती है और न ही घरेलू। मैं सुख और चैन से रहना चाहता हूँ। कृपया, आप मुझे कुछ ऐसी बात बताएँ, जिससे कि मेरा जीवन सुखमय हो जाए। मैं आराम से जीकर मानवता का सच्चा प्रेमी बनना चाहता हूँ।' उस व्यक्ति की बात सुनकर स्वामी विवेकानंद बोले, 'तुम क्या कार्य करते हो?' व्यक्ति बोला, 'स्वामी मेरा कपड़ों का कारोबार है, लेकिन इन दिनों मेरे कारोबार में बहुत प्रतिस्पर्धा हो गई है। जो व्यक्ति मेरे से पीछे इस काम में लगे थे, आज मुझसे आगे निकल गए हैं। ऐसे में मुझे उन्हें अपने से आगे देखकर ईर्ष्या होती है।'

व्यक्ति की बात पर स्वामीजी बोले, 'ईर्ष्या सभी समस्याओं की जननी है। तुम्हें जीवन में सुख और शांति इसलिए नहीं मिलती, क्योंकि तुम अपने कार्य पर ध्यान देने के बजाय दूसरों से ईर्ष्या करने में अपना समय बरबाद कर देते हो। यदि तुम मानवजाति के सच्चे प्रेमी बनना चाहते हो तो किसी से ईर्ष्या-द्वेष मत करो। अधिकतर लोग इसलिए दु:खी रहते हैं, क्योंकि वे मात्र थोड़े से नाम, कीर्ति या चाँदी के कुछ टुकड़ों के लिए ईर्ष्या करने लगते हैं। जब तक यह ईर्ष्या-भाव मन में रहता है, तब तक अहिंसा-भाव में प्रतिष्ठित होना बहुत दूर की बात है और इसी के साथ सुख-शांति का होना भी असंभव

है। ईर्ष्या को अपने हृदय से निकालकर मानवता के सच्चे प्रेमी बनो, तुम्हें सुख-शांति का अनुभव हो जाएगा।'

स्वामी विवेकानंद की बातें सुनकर वह व्यक्ति बोला, 'स्वामीजी, मैं प्रयास करूँगा कि इस ईर्ष्या के कीड़े को अपने दिल और दिमाग से निकाल दूँ और सुख-शांति का आनंद लूँ।' वहाँ उपस्थित अन्य व्यक्ति बोले, 'हम भी इस ईर्ष्या की भावना को अपने से दूर करने का प्रयत्न करेंगे।'

□

दुःख की भावना

एक दिन स्वामी विवेकानंद ध्यान में डूबे हुए थे। कुछ देर बाद उनकी आँखें खुलीं तो उन्होंने अपने सामने एक महिला को बैठे पाया। महिला चेहरे से अत्यंत दुःखी लग रही थी। महिला बोली, 'स्वामीजी, आखिर ऐसे जीवन का क्या अर्थ, जिसमें दुःख-ही-दुःख हों? मैंने अपने बचपन से लेकर आज तक दुःखों का सामना किया है। अब मैं मात्र ईश्वर की प्राप्ति चाहती हूँ। आप मुझे बताएँ कि यह कैसे संभव है?' स्वामीजी बोले, 'देवी, यह हमेशा याद रखना कि जो मनुष्य सदा अपने को दुःखी मानता है, उसे ईश्वर की प्राप्ति नहीं हो सकती। मैं अत्यंत दुःखी हूँ, यह सोच आसुरी भावना को जन्म देती है। जो व्यक्ति हर क्षण स्वयं को दुःखी महसूस करता है, वह कभी भी सुखी नहीं बन सकता।'

इस पर वह महिला बोली, 'लेकिन जीवन में जब दुःख हैं, तभी तो मैं आपसे यह कह रही हूँ। दुःख घृणित और परेशान तो करता ही है।' स्वामीजी बोले, 'देवी, बहुत कम मनुष्य इस बात से परिचित हैं कि दुःख के साथ सुख और सुख के साथ दुःख लगा हुआ है। सुख भी उतना ही घृणित है, जितना कि दुःख, क्योंकि सुख और दुःख दोनों यमज बंधु हैं। जिस तरह दुःख के पीछे दौड़ना हमारे मनुष्यत्व की विडंबना है, उसी तरह सुख के पीछे दौड़ना भी।'महिला यह सुनकर बोली, 'स्वामीजी, आज आपने मुझे यह भलीभाँति समझा दिया कि सुख और दुःख यमज बंधु हैं। इनसे बचना नामुमकिन है। अब आप यह भी बताएँ कि मैं अपने जीवन में संतुष्टि प्राप्त करने के लिए क्या

करूँ ?' स्वामीजी बोले, 'देवी आप दोनों का ही त्याग करें। न इनके आने पर विशेष प्रसन्न हों और न बहुत परेशान। जब आप कुछ समय तक ऐसा करेंगी तो यह आपका स्वभाव बन जाएगा और उस समय आपको अपना जीवन संतुष्टिदायक लगेगा और आप ईश्वर को भी प्राप्त कर पाएँगी।' स्वामीजी की बात सुनकर महिला उन्हें प्रणाम करती हुई वहाँ से चली गई।

□

स्वाधीनता का सुख

एक दिन स्वामी विवेकानंद मार्ग से गुजर रहे थे। उन्होंने देखा कि एक व्यक्ति अत्यंत परेशान और दीन अवस्था में बैठा हुआ है और लोग उसे घेरकर खड़े हुए हैं। व्यक्ति को दीन व मलिन स्थिति में देखकर स्वामी विवेकानंद ने व्यक्ति से कहा, 'क्या हुआ? सब ठीक तो है।' इस पर समीप खड़े व्यक्तियों ने स्वामी विवेकानंद को देखकर उनका आतिथ्य-सत्कार किया और बोले, 'स्वामीजी, आप इस व्यक्ति को समझाइए न। यह एक स्थान पर काम करता था। इसके मालिक ने इसे हर तरह की सुविधा प्रदान की हुई थी, लेकिन यह अपनी मरजी का मालिक नहीं था। वह जो कहता था, यह वही करता था। अब अचानक उस व्यक्ति की मृत्यु हो गई है और उसके बच्चों ने इसे नौकरी से निकाल दिया है। ऐसे में यह अत्यंत परेशान होकर होश खो बैठा है। यह कह रहा है कि अब मेरे जीवन का क्या होगा? मेरी रोजी-रोटी अच्छी तरह चल रही थी। हम इसे समझाकर थक गए हैं, लेकिन यह कुछ सुनने को तैयार ही नहीं है।'

व्यक्तियों की बातें सुनकर स्वामीजी वहीं समीप एक पेड़ के पास बैठ गए और उस व्यक्ति से बोले, 'तुमने अपने मालिक के पास रहकर केवल दो वक्त की रोटी ही खाई है। दो वक्त का भोजन तो पशु भी जुटाते हैं। क्या तुमने अपने जीवन में कुछ उन्नति भी की है?' यह सुनकर वह व्यक्ति बोला, 'उन्नति! अरे, मैं अपने मालिक के पास रहकर धन और सुविधाएँ भोग रहा था। क्या यह उन्नति नहीं है।' स्वामी बोले, 'नहीं, यह उन्नति नहीं है, क्योंकि

उन्नति की पहली शर्त स्वाधीनता है। मनुष्य को खान-पान, पोशाक-पहनावा, विवाह-शादी हर एक बात में स्वाधीनता मिलनी चाहिए। हाँ, इसके साथ यह भी जरूरी है कि ऐसा बिना किसी को हानि पहुँचाए होना चाहिए। क्या तुम वहाँ अपनी मरजी से काम करने के लिए मुक्त थे?'

व्यक्ति बोला, 'नहीं स्वामीजी, मैं तो वहाँ पर अपनी मरजी से कुछ भी नहीं कर सकता था, लेकिन फिर भी मुझे लगता है कि मैंने जीवन में विकास किया है।' अब स्वामीजी मुसकराकर बोले, 'तुम फिर गलत बोल रहे हो, क्योंकि विकास की शर्त भी स्वाधीनता ही है। स्वाधीन व्यक्ति अपने विचारों में स्वतंत्र रहकर हर किसी की निस्स्वार्थ भाव से मदद करने के लिए सदैव उपस्थित रहता है, लेकिन एक परतंत्र व्यक्ति ऐसा सोच भी नहीं सकता। अब तुम बताओ कि कौन सा जीवन अधिक सुखदायी है—परतंत्रतावाला या स्वाधीनतावाला?'

स्वामीजी की बातें सुनकर वह व्यक्ति एकदम होश में आ गया और बोला, 'स्वामीजी, आज आपने मेरी आँखें खोल दीं। मैं अभी तक अपने जीवन को भाग्यशाली समझ रहा था, लेकिन लगता है कि मैंने अपना जीवन व्यर्थ ही परतंत्रता में बिताया, लेकिन आज से मैं आजाद हूँ और अब मैं स्वाधीन होकर ही सब काम करूँगा तथा उन्नति व विकास की सीढ़ियाँ चढ़ूँगा।' उस व्यक्ति की ये बातें सुनकर वहाँ उपस्थित व्यक्तियों में खुशी की लहर दौड़ गई और स्वामीजी अपने पथ पर बढ़ चले।

□

शुभ और अशुभ

एक बार एक महिला स्वामी विवेकानंद के पास आई और उनसे बोली, 'स्वामीजी, कुछ दिनों से मेरी आँख फड़क रही है। यह कुछ अशुभ घटने की निशानी है। कृपया, मुझे कोई ऐसा तरीका बताएँ, जिससे कि अशुभ मेरे यहाँ घटित न हो।' उसकी बात सुनकर स्वामी विवेकानंद बोले, 'देवी, मेरी नजर में तो शुभ और अशुभ कुछ नहीं होता। जब जीवन है तो इसमें अच्छी और बुरी दोनों ही घटनाएँ घटित होती हैं। उन्हें ही लोग शुभ और अशुभ से जोड़ देते हैं।' यह सुनकर महिला बोली, 'पर स्वामीजी, मैंने अपने पड़ोसियों के यहाँ देखा है कि उनके घर में हमेशा शुभ घटता है। कभी कोई बीमारी नहीं, चिंता नहीं, जबकि मेरे यहाँ आए दिन कुछ-न-कुछ अनहोनी घटती रहती है।'

उसकी बात पर स्वामी विवेकानंद मुसकराकर बोले, 'देवी, शुभ और अशुभ भी सोच का ही परिणाम है। इस संसार में कोई भी वस्तु ऐसी नहीं है, जिसे केवल शुभ-ही-शुभ या केवल अशुभ ही कहा जा सके। जो आज शुभजनक मालूम पड़ती है, वही कल अशुभजनक हो सकती है। यह सब परिस्थितियों पर निर्भर करता है।' यह सुनकर महिला बोली, 'यह कैसे स्वामीजी, भला कोई शुभ घड़ी किसी के लिए अशुभ कैसे हो सकती है?' स्वामीजी बोले, 'देवी, मान लो एक कुम्हार ने बरतन बनाकर सुखाने के लिए रखे हैं और वह तेज धूप की कामना कर रहा है, ताकि बरतन अच्छी तरह सूखकर पक जाएँ, दूसरी ओर एक किसान वर्षा की कामना कर रहा

है, ताकि फसल अच्छी हो। ऐसे में धूप और वर्षा, जहाँ एक के लिए शुभ है, वहीं दूसरे के लिए अशुभ। यदि वर्षा होती है तो कुम्हार के घड़े नहीं सूख पाएँगे और यदि धूप निकलती है तो किसान की फसल अच्छी तरह नहीं पकेगी। अब तुम स्वयं ही अंदाजा लगाओ। इसलिए व्यक्ति को शुभ और अशुभ को छोड़कर केवल अपने नेक कर्मों पर ध्यान लगाना चाहिए। ऐसा करके ही वह संतोषी जीवन जी सकता है।' स्वामी विवेकानंद की बातें सुनकर महिला उनसे सहमत हो गई और बोली, 'स्वामीजी, आपका कहना बिल्कुल ठीक है। मैं आज से केवल अपने कर्म पर ही ध्यान दूँगी।' इसके बाद वह वहाँ से चली गई।

□

शिकागो की यात्रा का निर्णय

एक दिन स्वामीजी भारतीय उपमहाद्वीप की यात्रा के अंत में कन्याकुमारी पहुँचे। वहाँ उनका हृदय अत्यंत व्यथित था। उन्हें देश भर की यात्रा के दौरान सैकड़ों लोगों से मिलने का अवसर प्राप्त हुआ था। इस दौरान उन्होंने यह भी महसूस किया था कि देश में गरीबी, भेदभाव, ऊँच-नीच, धर्म के नाम पर आडंबर, जातिवाद, जमींदारी प्रथा की बुराइयाँ व्यापक रूप से फैली हुई थीं। वे कन्याकुमारी के शांत समुद्र-तट पर अशांत से खड़े हो गए। वहाँ दूर उनकी नजर समुद्र के गर्भ में स्थित एक शिलाखंड पर पड़ी। बाद में वह शिलाखंड 'विवेकानंद शिला' के नाम से प्रसिद्ध हुआ। वे उस शिलाखंड पर पहुँचकर चिंतन में डूब गए। उन्होंने सोचा कि आखिर किस तरह से भारतीय जनता के दुःख-दर्द को कम किया जा सकता है ? इन सबके बारे में विचरण करते-करते उन्हें स्मरण हो आया कि उनके मित्र ने उन्हें शिकागो में होनेवाले विश्वधर्म-सम्मेलन में भाग लेने के लिए प्रेरित किया है। मित्र चाहते हैं कि स्वामीजी उस धर्म-सम्मेलन में भारत के प्रतिनिधि बनकर जाएँ। उन्होंने वहाँ जाने का निर्णय लिया और सोचने लगे कि क्या मेरे वहाँ जाने से भारत में संपन्नता आ जाएगी ? फिर उन्होंने स्वयं ही इस बात का जवाब दिया और बोले, 'मैं अमरीकी जनसमाज के बीच भारत का प्राचीन ज्ञान वितरित करूँगा और उसके बदले वहाँ से विज्ञान व प्रौद्योगिकी लेकर आऊँगा, ताकि मेरे देश की सफलता के लिए शिक्षा और उन्नति के द्वार खुलें।'

यह सब सोचकर उन्होंने फैसला कर लिया कि चाहे कैसी भी स्थितियाँ

क्यों न हों, मैं शिकागो के धर्म-सम्मेलन में अवश्य शिरकत करूँगा। उन्होंने मन में ठान लिया कि अमरीका के अपने इस अभियान को सफल करके रहेंगे और यदि ऐसा हो गया तो पश्चिम के लोगों में भारत के प्रति प्रतिष्ठा बढ़ जाएगी तथा भारतवासियों के आत्मविश्वास में भी वृद्धि होगी। उस शिलाखंड पर यह निर्णय लेकर स्वामी विवेकानंद ने इस दिशा में अपने कदम बढ़ा लिये और उन्होंने शिकागो की यात्रा का निर्णय कर लिया।

□

भारत की उन्नति की कामना

स्वामी विवेकानंद ने अपने मन में भारत की प्रगति की कामना कर ली थी और वे इस दिशा में सतत प्रयास करने में जुट गए थे। 31 मई, 1893 को जलयान में सवार होकर बंबई से उनकी यात्रा प्रारंभ हुई। उनका भगवा परिधान, पगड़ी और चुंबकीय व्यक्तित्व अनेक लोगों को उनकी ओर आकर्षित करता था। जहाज के अंदर का माहौल स्वामीजी को आकर्षित नहीं करता था। वे जल्दी से अपने अभियान को सफल बनाना चाहते थे। जहाज में असंख्य लोगों के साथ कहीं दूर वे अपने विचारों में देश की तरक्की की योजनाओं में खोए रहते थे। जहाज का पहला पड़ाव श्रीलंका की राजधानी कोलंबो में था। यहाँ पर विवेकानंद ने हीनयान, बौद्धों के मठ देखे। उनके जीवन ने स्वामी विवेकानंद को अपनी ओर आकर्षित किया। वहाँ से जाने के बाद सिंगापुर के मार्ग में उन्हें मलय जाति के समुद्री डाकुओं के पुराने अड्डे देखने को मिले। हांगकांग के व्यस्त बंदरगाह में उन्हें चीन देश की प्रथम झलक देखने को मिली। इसके बाद उनका जहाज केंटन, नागासाकी, ओसाका, क्योरो और टोकियो से होता हुआ याकोहामा तक आया। जापानी लोगों की तरक्की और उन्नति ने स्वामी विवेकानंद को बेहद प्रभावित किया। छोटे से देश जापान की कला से उन्हें भावविभोर कर दिया।

स्वामी विवेकानंद ने स्वयं से प्रश्न किया कि जब एक छोटा सा देश जापान पाश्चात्य देशों से प्रतिस्पर्धा कर अद्भुत उन्नति कर सकता है तो मेरा देश भारत भी इस उन्नति को पा सकता है। बस इसके लिए लोगों में उन्नति

और कर्म के लिए उमंग पैदा करने की आवश्यकता है, उन्हें शिक्षित कर जागरूक बनाने की। जिस दिन ऐसा हो जाएगा, उस दिन उनका देश भारत तरक्की की डगर पर चल पड़ेगा। उन्होंने सोचा कि भारत में सभ्यता और संस्कृति का अद्‌भुत संगम है। ऐसे में इस संगम को तकनीक और शिक्षा से जोड़ दिया जाए तो भारत की भूमि पर स्वर्ग बस जाए। उन्होंने अपनी आँखों में ऐसे स्वप्न लेकर देश की उन्नति के लिए अपने कदम बढ़ा दिए।

□

प्रकाश का मार्ग

एक दिन स्वामी विवेकानंद अपने शिष्यों के साथ बैठे हुए थे। तभी एक शिष्य बोला, 'स्वामीजी, मेरे मन में एक जिज्ञासा है। यदि आपका आदेश हो तो पूछूँ?' स्वामीजी बोले, 'हाँ भंते, अवश्य, जिज्ञासा का समाधान अत्यंत आवश्यक है। अन्यथा व्यक्ति परेशानी की स्थिति में विचरण करता रहता है।' शिष्य बोला, 'स्वामीजी, मेरा मन किसी भी कार्य में नहीं लगता है। ऐसा प्रतीत होता है कि प्रत्येक कार्य नीरस है। ऐसे में मैं क्या करूँ, जिससे कार्य में मेरी रुचि उत्पन्न हो जाए?' उसकी बात सुनकर स्वामी विवेकानंद बोले, 'भंते, पहले तो मेरी एक बात ध्यान से सुन लो। जो व्यक्ति किसी कार्य को एकाग्र होकर और जुटकर नहीं करता, उसके लिए सभी कार्य और कर्तव्य नीरस होते हैं। ऐसे व्यक्ति को कभी भी किसी चीज से संतोष नहीं होता और उसके लिए जीना दूभर हो जाता है।'

स्वामीजी की यह बात सुनकर दूसरा शिष्य बोला, 'स्वामीजी, जो व्यक्ति अपने कार्य में चित्त नहीं लगाता, क्या उसकी सफलता में भी संदेह है।' स्वामीजी बोले, 'संदेह ही नहीं, अपितु ऐसे व्यक्ति की असफलता निश्चित है और असफलता के लिए वह स्वयं उत्तरदायी है।' तीसरा शिष्य बोला, 'स्वामीजी, क्या कोई ऐसा मार्ग भी है, जिस पर चलकर सफलता के साथ ही प्रकाश की प्राप्ति होती है।' स्वामीजी बोले, 'बिल्कुल है। जो व्यक्ति अपना कंधा सदैव काम से भिड़ाए रखता है, कार्य में एकाग्रता लाता है और अपने जीवन को नेक कर्म में लगाए रखता है, ऐसे व्यक्ति को प्रकाश की प्राप्ति

हो जाती है। ऐसा व्यक्ति अपने कार्य में ही प्रकाश और शुभ्रता का एहसास कर लेता है।'

अब पहला शिष्य बोला, 'स्वामीजी, आपने प्रकाश की प्राप्ति का मार्ग तो बता दिया, लेकिन चित्त को एकाग्र करने का मार्ग भी तो बताइए।' स्वामीजी बोले, 'भंते, चित्त एकाग्र करना कठिन अवश्य है, किंतु असंभव नहीं। प्रतिदिन के अभ्यास से हर कार्य में सफलता मिल जाती है। जिस व्यक्ति का मन कार्य में नहीं लगता, जिसका चंचल मन पल-पल बदलता रहता है; ऐसे में उस व्यक्ति को प्रतिदिन यह दोहराते रहना चाहिए कि मुझे उस कार्य को करना ही है। कार्य में पूर्णता और सफलता ही मेरा लक्ष्य है। ऐसा करते रहने से चित्त एकाग्र हो जाता है।' स्वामीजी की बातों से सभी शिष्य सहमत हो गए।

□

हनुमान के दर्शनों की इच्छा

बालक नरेन को वीरभक्त हनुमान के अलौकिक कार्यों की कथाएँ सुनना बहुत पसंद था। जब भी उनकी माँ को समय मिलता तो वे नरेन को हनुमानजी की वीरता की कथाएँ सुनाती थीं। एक दिन बालक नरेन ने माँ से पूछा कि क्या हनुमानजी अभी भी नजर आ सकते हैं तो उन्होंने बालक का मन रखने के लिए बोल दिया, 'हाँ बेटा, सच्चे दिल से पुकारनेवाले के पास हनुमानजी अवश्य आते हैं।' माँ की बात से ही नरेन हनुमानजी के दर्शनों को व्याकुल हो उठे थे।

एक दिन वे मंदिर में गए। मंदिर में पंडित आलंकारिक भाषा में हास्यरस मिलाकर हनुमानजी के चरित्र का वर्णन कर रहे थे। हनुमानजी की बात होते देखकर नरेन धीरे से पंडितजी के पास पहुँचे और बोले, 'पंडितजी, आप कहते हैं कि हनुमानजी को केले पसंद हैं तो इसका मतलब तो यह हुआ न कि वे केले के पेड़ के पास अवश्य मिल सकते हैं।' बालक की मासूम बात सुनकर पंडित ने हँसकर कह दिया, 'हाँ बेटे, अवश्य ही हनुमानजी केले के पेड़ के पास मिल सकते हैं।'

यह सुनते ही नरेन घर न लौटकर पास के एक बगीचे में जाकर केले के पेड़ के नीचे बैठ गए और हनुमानजी की प्रतीक्षा करने लगे। काफी समय बीत गया, पर हनुमानजी नहीं आए। जब रात गहराने लगी तो नरेन निराश होकर घर की ओर लौट गए। माँ बेसब्री से बालक की प्रतीक्षा कर रही थीं। बालक नरेन ने जाते ही माँ को सारी बात बता दी और बोले, 'माँ, मैं बगीचे

में केले के पेड़ के पास हनुमानजी की प्रतीक्षा करता रह गया, पर वे नहीं आए।' बालक की मासूमियत देखकर माँ ने उसके विश्वास के मूल पर आघात करना उचित न समझा; बोली, 'बेटा, तुम दुःख न करो, संभव है, आज हनुमानजी श्रीरामजी के काम से कहीं दूसरी जगह पर गए हों, किसी दिन वे तुम्हें अवश्य मिल जाएँगे।' यह सुनकर आशामुग्ध बालक का चेहरा खिल उठा और वे दूसरे खेल में लग गए।

□

सर्वधर्म का सम्मान

विश्वधर्म सम्मेलन 11 से 27 सितंबर तक चला था। इस सम्मेलन के दौरान स्वामी विवेकानंद अकसर सबसे आखिर में व्याख्यान देते थे। उनका व्याख्यान सुनने के लिए श्रोतागण अंतिम समय तक अपनी कुरसियों से चिपके रहते थे। धर्म सम्मेलन के अंतिम दिन, जब स्वामी विवेकानंद के बोलने का समय आया तो उन्होंने सर्वधर्म को शक्तिशाली और एक बताया। उन्होंने कहा कि सभी धर्मों का एक उद्‌देश्य है—मानवता का कल्याण। तभी वहाँ पर खड़े होकर एक श्रोता ने कहा, 'स्वामीजी, आज विश्व धर्म सम्मेलन का अंतिम दिन है। यदि सार रूप में कहा जाए तो इस सम्मेलन का मुख्य उद्‌देश्य क्या रहा, जो उभरकर आया?'

स्वामीजी तुरंत बोले, 'यही कि हर धर्म समान है। इसलिए ईसाई को हिंदू या बौद्ध नहीं हो जाना चाहिए और न हिंदू अथवा बौद्ध को ईसाई ही। पर हाँ, प्रत्येक को चाहिए कि वह दूसरों के सार-भाग को आत्मसात् करके पुष्टि लाभ करे और अपने वैशिष्ट्य की रक्षा करते हुए अपनी निजी वृद्धि के नियम के अनुसार विकसित हो। इस धर्म सम्मेलन ने जगत् के समक्ष यदि कुछ प्रदर्शित किया है तो वह यह कि शुद्धता, पवित्रता और दयाशीलता किसी संप्रदाय विशेष की बपौती नहीं है तथा प्रत्येक धर्म ने श्रेष्ठ एवं उन्नतचरित्र नर-नारियों को जन्म दिया है। इसलिए प्रत्येक व्यक्ति को यह नहीं सोचना चाहिए कि केवल उसका धर्म ही सर्वश्रेष्ठ है। प्रत्येक व्यक्ति को सर्वधर्म का सम्मान करना चाहिए।'

तभी दूसरा श्रोता बोला, 'स्वामीजी, हर धर्म क्या कहता है?' स्वामीजी बोले, 'हर धर्म कहता है कि युद्ध नहीं सहायता, विनाश नहीं ग्रहण, मतभेद और कलह नहीं मिलन और शांति।' स्वामीजी के यह बोलते ही पूरा मंच तालियों से गूँज उठा और विश्व धर्म सम्मेलन का समापन श्रोताओं के अंदर सभी धर्मों की समान जोत जलाने की प्रबल भावना लेकर हुआ।

□

सच्चा साधु

एक दिन स्वामी विवेकानंद अपने शिष्यों के साथ एक मार्ग से गुजर रहे थे। वहाँ पर उन्होंने साधुओं की टोली को देखा। कुछ साधु भिक्षा के लिए खड़े हुए थे। जिस व्यक्ति से उन्हें मनपसंद भिक्षा प्राप्त नहीं होती थी, उसे देखकर वे बुरा सा मुँह बना लेते थे। स्वामी विवेकानंद के शिष्य उन सभी साधुओं की इन गतिविधियों को देख रहे थे। तभी एक शिष्य बोला, 'स्वामीजी, क्या साधु होने का अर्थ मात्र मनपसंद भिक्षा ग्रहण करना है?' स्वामीजी बोले, 'नहीं, साधु होने का अर्थ यह कदापि नहीं है कि व्यक्ति भगवा वस्त्र धारण करके भिक्षा माँगे। बल्कि मैं तो यह कहूँगा कि जरूरी नहीं कि साधु होने के लिए भगवा वस्त्र धारण किए जाएँ या गृहस्थ जीवन त्याग दिया जाए। आस्तिकता और नास्तिकता व्यक्ति के कर्म पर निर्भर करती है। यदि कोई व्यक्ति संसार के सारे संप्रदायों में विश्वास करता हो, समस्त धर्मग्रंथों का ज्ञान वहन करता हो अथवा संसार की सभी पवित्र नदियों मे स्नान कर पुण्य अर्जित कर चुका हो, पर यदि उसके मन में मानव-कल्याण की भावना प्रमुख नहीं है तो मैं ऐसे व्यक्ति को परले सिरे का नास्तिक मानूँगा।'

तीसरा शिष्य बोला, 'स्वामीजी, आप ही बताइए न कि सच्चा साधु कौन होता है?' स्वामीजी बोले, 'देखो, यदि कोई व्यक्ति कभी किसी गिरजाघर या मसजिद में न गया हो, न उसने कभी कोई पूजादि कर्म किया हो, फिर भी वह मानव के कल्याण के लिए प्रतिबद्ध हो, प्रत्येक जरूरतमंद व्यक्ति

की मदद करता हो और संसार के आडंबरों से ऊपर उठ चुका हो तो वह सच्चा साधु है।'

यह बोलने के बाद वे अपने शिष्यों की ओर देखकर बोले, 'मैं तुम सबसे भी यही अपेक्षा करता हूँ कि तुम सच्चे साधु बनो, भगवा वस्त्र धारण कर नाममात्र के साधु नहीं।' स्वामीजी की बात पर सभी शिष्यों ने सहमति जताई और उन्हें विश्वास दिलाया कि वे अपने जीवन में सच्चे साधु ही बनेंगे।

□

कहाँ से आता है धर्म

यह घटना उस समय की है, जब स्वामी विवेकानंद शिकागो में विश्व धर्म सम्मेलन में भाग लेने के लिए गए हुए थे। विश्व धर्म सम्मेलन के मंच पर अधिकतर वक्ता अपने-अपने धर्म को सर्वश्रेष्ठ बताने में लगे हुए थे। स्वामी विवेकानंद अकेले ऐसे व्यक्ति थे, जिन्होंने सभी धर्मों का समान महत्त्व बताया था। सम्मेलन समाप्त होने के बाद अनेक श्रद्धालु उन्हें घेरकर बैठ गए। एक श्रद्धालु बोला, 'आखिर धर्म में ऐसा क्या है कि वह जाति विशेष की बपौती है?' इस पर स्वामी विवेकानंद बोले, 'नहीं, ऐसा बिल्कुल नहीं है। यह केवल तब तक होगा, जब तक धर्म कुछ इने-गिने पंडे-पादरियों के हाथों में रहेगा और तब तक इसका दायरा मंदिर, मसजिद, गिरजाघर एवं धर्म-ग्रंथों तथा धार्मिक नियमों, अनुष्ठानों तक ही सीमित रहेगा।'

तभी दूसरा श्रद्धालु बोला, 'क्या धर्म यथार्थ हो सकता है?' स्वामीजी बोले, 'बिल्कुल, जिस दिन हम आध्यात्मिक और विश्व धरातल पर आ जाएँगे, तब धर्म यथार्थ हो उठेगा, सजीव हो उठेगा, हमारे जीवन का अंग बन जाएगा, हमारी हर गतिविधि में रहेगा, समाज की पोर-पोर में समा जाएगा और तब इसकी शिवात्मक शक्ति पहले की अपेक्षा अनंत गुनी हो जाएगी।'

वहीं तीसरा श्रद्धालु बोला, 'वैसे यह भी सोचनेवाली बात है कि धर्म आता कहाँ से है?' स्वामीजी मुसकराकर बोले, 'धर्म कहीं बाहर से नहीं आता, बल्कि व्यक्ति के आभ्यंतर से ही उदित होता है। मेरा यह मानना है कि धार्मिक विचार मनुष्य की रचना में ही सन्निहित हैं। धर्म न तो मतों में है, न

पंथों में और न तार्किक विवाद में ही। धर्म का अर्थ है—आत्मा के ब्रह्म स्वरूप को जान लेना, उसका प्रत्यक्ष अनुभव प्राप्त कर लेना और तदरूप हो जाना।'

वहाँ पास खड़े श्रद्धालु स्वामीजी की धर्म के बारे में यथार्थ बातें व जानकारी सुनकर संतुष्ट हो गए और उन्होंने प्रण लिया कि वे अपने जीवन के अंतिम समय तक प्रत्येक धर्म को विशेष मानेंगे। हर धर्म के उद्देश्य को अपने मन के अंदर स्थापित करने का प्रयत्न करेंगे, ताकि विश्व का कल्याण हो।

□

दुराग्रह के दुष्परिणाम

एक दिन स्वामी विवेकानंद अपने प्रिय शिष्य के साथ बैठे हुए कुछ बात कर रहे थे। स्वामी विवेकानंद बोले, 'दुराग्रह से दूर रहनेवाला व्यक्ति सुखी व समृद्ध रहता है। इसलिए व्यक्ति को ईमानदारी से अपने कार्यों को करना चाहिए।' इस पर शिष्य बोला, 'स्वामीजी, दुराग्रह से कैसे दूर रहा जा सकता है?' स्वामीजी बोले, 'अपने मन में दोषों को मत पलने दो। अपने कार्य पर ध्यान दो और इस बात की परवाह मत करो कि लोग तुम्हें क्या कहते हैं? अच्छी नींद सोओ और स्नायुओं को स्वस्थ-मजबूत रखो, संतुलित भोजन करो तथा संसार के साथ सहानुभूति रखो। ऐसा करके तुम दुराग्रहों से दूर रह सकते हो।' शिष्य बोला, 'स्वामीजी, क्या दुराग्रही पर याचना की जानी चाहिए? ' स्वामीजी बोले, 'प्रियवर, दुराग्रही केवल घृणा अर्जित करता है। दुराग्रहियों और दुराग्रह से दूर रहकर ही व्यक्ति सच्चे प्रेम और सहानुभूति का अनुभव कर पाता है। जो व्यक्ति सच्चा व ईमानदार होता है, उसके चेहरे पर एक अलग ही चमक और तेज होता है। उसके सद्‍गुणों से युक्त चेहरे का तेज उसे नवीन और कठिन कार्य करने के लिए प्रेरित करता है। तुम हमेशा देखना कि जो व्यक्ति भोला, निश्चल और सच्चा होता है, उसका चेहरा उतना ही आकर्षित करता है। ऐसे व्यक्ति का स्वास्थ्य भी अच्छा रहता है और उसे बीमारियाँ भी जल्दी नहीं जकड़तीं।'

शिष्य बोला, 'स्वामीजी, इसका अर्थ तो यह हुआ कि दुराग्रह से परिपूर्ण व्यक्ति अस्वस्थ रहता है।' स्वामीजी बोले, 'हाँ भंते, तुम सही कह रहे हो।

सौ में से नब्बे दुराग्रहियों का यकृत खराब होता है या वे मंदाग्नि अथवा किसी अन्य रोग से पीड़ित रहते हैं। इसके विपरीत ठंडे मस्तिष्कवाला और शांत व्यक्ति उत्तम ढंग से विचार करके कार्य करता है। ऐसा व्यक्ति ही संसार में महान् कार्य कर सकता है और इस तरह उससे अपना भी कल्याण कर सकता है। दुराग्रही व्यक्ति मूर्ख और सहानुभूतिशून्य होता है। वह न तो संसार के कार्यों में अपना योगदान दे सकता है और न स्वयं ही शुद्ध एवं पूर्ण हो सकता है।'

□

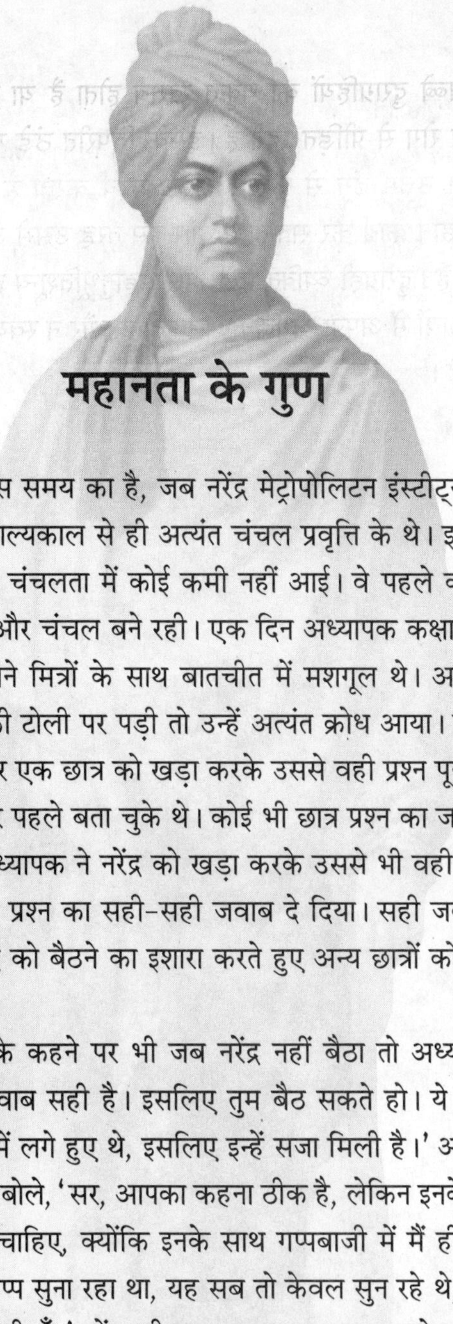

महानता के गुण

यह प्रसंग उस समय का है, जब नरेंद्र मेट्रोपोलिटन इंस्टीट्यूट में पढ़ते थे। नरेंद्र बाल्यकाल से ही अत्यंत चंचल प्रवृत्ति के थे। इस स्कूल में आकर भी उनकी चंचलता में कोई कमी नहीं आई। वे पहले की तरह की उद्‌दंड, निर्भीक और चंचल बने रही। एक दिन अध्यापक कक्षा में पढ़ा रहे थे और नरेंद्र अपने मित्रों के साथ बातचीत में मशगूल थे। अध्यापक की नजर जब नरेंद्र की टोली पर पड़ी तो उन्हें अत्यंत क्रोध आया। उन्होंने नरेंद्र की टोली में से हर एक छात्र को खड़ा करके उससे वही प्रश्न पूछा, जिसका जवाब वे कुछ देर पहले बता चुके थे। कोई भी छात्र प्रश्न का जवाब नहीं दे सका। अंत में अध्यापक ने नरेंद्र को खड़ा करके उससे भी वही प्रश्न पूछा। नरेंद्र ने निसंकोच प्रश्न का सही-सही जवाब दे दिया। सही जवाब सुनकर अध्यापक ने नरेंद्र को बैठने का इशारा करते हुए अन्य छात्रों को खड़ा रहने के लिए कहा।

अध्यापक के कहने पर भी जब नरेंद्र नहीं बैठा तो अध्यापक बोले, 'बेटा, तुम्हारा जवाब सही है। इसलिए तुम बैठ सकते हो। ये सभी पढ़ाते समय गप्पबाजी में लगे हुए थे, इसलिए इन्हें सजा मिली है।' अध्यापक की बात सुनकर नरेंद्र बोले, 'सर, आपका कहना ठीक है, लेकिन इनके साथ सजा मुझे भी मिलनी चाहिए, क्योंकि इनके साथ गप्पबाजी में मैं ही लगा हुआ था। मैं ही इन्हें गप्प सुना रहा था, यह सब तो केवल सुन रहे थे, इसलिए मैं भी बराबर का दोषी हूँ।' नरेंद्र की बात सुनकर अध्यापक को बड़ा आश्चर्य

हुआ। वे उसकी निर्भीकता और सत्यवादिता से बड़े खुश हुए और उसकी पीठ थपथपाते हुए बोले, 'बेटा, आज मैं यह भविष्यवाणी करता हूँ कि तुम एक दिन देश के महान् व्यक्ति बनोगे और इस देश का नाम रोशन करोगे।' अध्यापक की बात सुनकर नरेंद्र ने अपनी शरारतें थोड़ी कम कर दीं और एकाग्रचित्त होकर अपना ध्यान पढ़ाई में लगाना शुरू कर दिया।

□

संतरे का रस

अमरीका के प्रसिद्ध वक्ता श्री रॉबर्ट इंगरसोल दर्शन व साहित्य में प्रवीण होते हुए भी संदेहवादी व भोगवादी थे। धर्म, ईश्वर, उपासना आदि विषयों का वे सदैव ही उपहास के साथ उपेक्षा करते थे। एक दिन स्वामी विवेकानंद के समक्ष किसी दार्शनिक तत्त्व की चर्चा करते हुए इंगरसोल बोल उठे, 'यह जगत् एक संतरे की तरह है, जितना हो सके, इसे निचोड़कर इसका रस पीना चाहिए। जब इस बात का कोई प्रमाण नहीं प्राप्त हो रहा है कि परलोक नाम का कुछ है भी तो इस जीवन को भी एक झूठी आशा के आधार पर सांसारिक सुख से वंचित रखने में क्या लाभ है? कौन जाने कब मृत्यु होगी? अतः जहाँ तक संभव हो, तत्परता के साथ इस जगत् का उपभोग करना चाहिए।'

इंगरसोल की बात सुनकर स्वामी मुसकराकर बोले, 'परंतु जगत् रूपी संतरे का रस निकालने का उपाय मैं तुमसे अधिक अच्छी तरह जानता हूँ और इसलिए तुमसे अधिक रस पाता हूँ। मैं जानता हूँ, मेरी मृत्यु नहीं है। अतः तुम्हारी तरह मुझे संतान, परिवार, संपत्ति आदि का कोई बंधन नहीं है। मेरी दृष्टि में जगत् के सभी स्त्री-पुरुष समान रूप से प्रेम के पात्र हैं। सभी मेरी दृष्टि में ईश्वर-स्वरूप हैं। सोचो तो, मनुष्य को ईश्वर रूप में समझकर, देखकर अत्यंत आनंद आता है। मैं निश्चिंत होकर रसपान कर रहा हूँ। तुम भी मेरी प्रणाली के अनुसार इस जगत् रूपी संतरे को निचोड़ना आरंभ कर दो, तब देखोगे, हजार गुना अधिक रस मिलेगा। एक बूँद भी बाकी न रहेगी।

एक बार ऐसा करके देखिए, आपको अत्यंत आनंद मिलेगा और साथ ही अपना मनुष्य जीवन भी सार्थक लगेगा।' स्वामीजी से जगत् रूपी संतरे के रस का सार सुनकर इंगरसोल अत्यंत प्रभावित हो गए और आजीवन उनके गहन मित्र बने रहे। इसके बाद उन्होंने भी अपनी धारणा को बदल लिया और मानवमात्र में ईश्वर को देखना शुरू कर दिया।

□

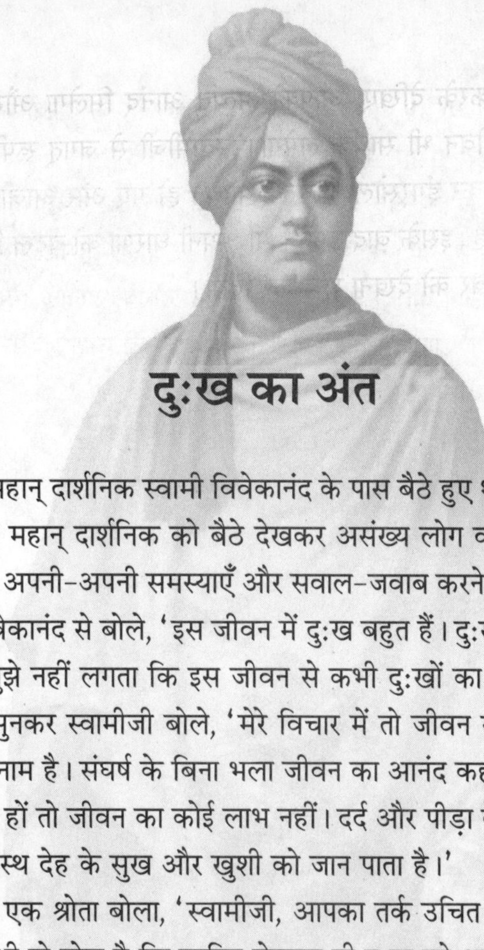

दुःख का अंत

एक महान् दार्शनिक स्वामी विवेकानंद के पास बैठे हुए थे। स्वामीजी के पास महान् दार्शनिक को बैठे देखकर असंख्य लोग वहाँ पर आ जुटे और उनसे अपनी-अपनी समस्याएँ और सवाल-जवाब करने लगे। दार्शनिक स्वामी विवेकानंद से बोले, 'इस जीवन में दुःख बहुत हैं। दुःख का कोई अंत नहीं है। मुझे नहीं लगता कि इस जीवन से कभी दुःखों का अंत हो सकता है।' यह सुनकर स्वामीजी बोले, 'मेरे विचार में तो जीवन संघर्षों से जूझने का दूसरा नाम है। संघर्ष के बिना भला जीवन का आनंद कहाँ? यदि जीवन में दुःख न हों तो जीवन का कोई लाभ नहीं। दर्द और पीड़ा के कारण ही तो व्यक्ति स्वस्थ देह के सुख और खुशी को जान पाता है।'

तभी एक श्रोता बोला, 'स्वामीजी, आपका तर्क उचित है, लेकिन कई बार ऐसा भी तो होता है कि व्यक्ति बेवजह ही दुःख को आमंत्रित कर देता है। ऐसे में वह दुःख उसके साथ-साथ दूसरों को भी हानि पहुँचाता है। आखिर व्यक्ति बेवजह दुःखों को जन्म क्यों देता है?' इस पर दार्शनिक बोले, 'मेरे विचार में तो व्यक्ति दूसरों को दुःख देने में स्वयं का सुख समझता है। इसलिए वह ऐसा करता है।' दार्शनिक के जवाब पर स्वामीजी बोले, 'असल में अज्ञानता के कारण व्यक्ति बेवजह दुःखों को आमंत्रित करता है। यदि वह ज्ञान प्राप्त कर हर बात के सकारात्मक व नकारात्मक पहलू को जान ले तो अनेक दुःखों को टाल सकता है। इसलिए मैं तो कहूँगा कि मनुष्य को ज्ञानलोक में विचरण करना चाहिए, उसे पवित्र एवं आध्यात्मिक होकर शिक्षित बनने

का प्रयास करना चाहिए। ऐसा करके व्यक्ति बेवजह के दु:खों का अंत कर सकता है और इस संसार में सुखपूर्वक जी सकता है।'

स्वामीजी के इस जवाब से दार्शनिक के साथ ही वहाँ उपस्थित अन्य श्रोता भी सहमत हो गए। कई श्रोता स्वामीजी से बोले, 'हम प्रयास करेंगे कि अपने मन के अज्ञान को दूर कर उसमें ज्ञान का दीपक जलाएँ और दूसरों को भी मार्ग दिखाएँ।' श्रोताओं की इस बात से स्वामीजी विशेष प्रसन्न हुए और उन्हें आशीर्वाद देकर वहाँ से प्रस्थान कर गए।

□

कर्म का फल

एक दिन स्वामी विवेकानंद ब्रह्मसमाज का प्रचार कर रहे थे। प्रचार करते हुए वे एक गाँव में पहुँचे। संयोगवश गाँव का एक डाकू भी अपने साथियों के साथ स्वामीजी के प्रवचन सुनने के लिए बैठ गया। गाँव के लोगों ने जब मशहूर डाकू और उसके साथियों को प्रवचन सुनते देखा तो उनके पैरों तले जमीन खिसक गई। सभी डर के कारण धीरे-धीरे वहाँ से खिसक गए। कुछ देर बाद प्रवचन में केवल स्वामी विवेकानंद और डाकू व उनके साथी ही रह गए। स्वामी विवेकानंद लगातार बोलते रहे। वे कर्म के विषय में बताते हुए बोले, 'जो भी शुभ या अशुभ कर्म तुमने किए हैं, उनका फल अवश्य भोगना पड़ेगा। कर्म के फल से बचने का कोई मार्ग नहीं है। दूसरे लोग न देखें, पुलिस न देखे, सरकार न देखे, परंतु याद रखो, एक आँख ऐसी है, जो तुम्हें हर समय देख रही है। तुम्हारे हृदय के भीतर जो कुछ होता है, उसे भी वह जानती है। उससे बचने का कोई मार्ग नहीं है। प्रत्येक व्यक्ति को वह उसके कर्म का फल अवश्य देती है।'

व्याख्यान सुनकर डाकू कुछ देर वहीं बैठा-बैठा सोचता रहा। फिर वह स्वामी विवेकानंद के पास जाकर बोला, 'महाराज, आप कौन हैं?' स्वामीजी बोले, 'मैं विवेकानंद हूँ।' डाकू बोला, 'मैं आपसे एकांत में कुछ बात करना चाहता हूँ। बोलिए, कब आ सकता हूँ?' स्वामी विवेकानंद निसंकोच बोले, 'मैं यहीं पास की धर्मशाला में ठहरा हुआ हूँ। तुम वहीं आ जाना।' रात्रि के समय डाकू और उसके साथी उसी धर्मशाला में जा पहुँचे। वहाँ डाकू स्वामीजी

के सामने हाथ जोड़कर बोला, 'सुबह आप व्याख्यान देते समय कह रहे थे कि प्रत्येक कर्म का फल भोगना पड़ता है। क्या यह सच है?' स्वामीजी बोले, 'बिल्कुल सच है। इस जीवन में प्रत्येक व्यक्ति को अपने-अपने कर्मों का फल अवश्य भोगना पड़ता है। वह लाख प्रयत्न करे तो भी कर्म का फल भोगने से नहीं बच सकता।'

यह सुनकर डाकू बोला, 'स्वामीजी, मैं तो निरपराध लोगों को नुकसान पहुँचाता हूँ, उन्हें दुःख देता हूँ। इसका अर्थ तो यह हुआ कि मुझे भविष्य में अपने इन कुकृत्यों का फल अवश्य भोगना पड़ेगा।' स्वामीजी बोले, 'हाँ, भोगना ही पड़ेगा।' डाकू बोला, 'क्या बुरे कर्मों का फल भोगने से बचने का कोई उपाय है।'

स्वामीजी बोले, 'बुरे कर्मों का परिणाम और फल बुरा ही होता है। इसलिए इनसे बचने का कोई उपाय नहीं है।' डाकू बोला, 'फिर मैं क्या करूँ?' स्वामीजी बोले, 'तुम आज से ही बुरे कर्म करना छोड़ दो। धर्म के मार्ग पर चलना प्रारंभ कर दो। यही तुम्हारा प्रायश्चित्त होगा।' स्वामीजी की बात सुनकर डाकू ने अपने साथियों के साथ संकल्प लिया कि वह जीवन में कभी चोरी नहीं करेगा और अहिंसा व सद्मार्ग पर चलेगा।

□

पाप की कमाई

यह घटना उस समय की है, जब स्वामी विवेकानंद एक आश्रम में ठहरे हुए थे। वहीं पर कुछ दूरी पर एक पंडित अपने परिवार के साथ रहता था। वह नित्य प्रतिदिन स्वामी विवेकानंद के प्रवचनों को सुनता था। एक दिन वह पंडित भागा-भागा उनके पास आया और बोला, 'स्वामीजी, मेरी समस्या का समाधान करिए। मैं बहुत चिंतित हूँ। मुझे ऐसा लग रहा है, जैसे कि मुझसे कोई बहुत बड़ी भूल हो गई हो।'

स्वामीजी बोले, 'पहले तो तुम अपने आपको शांत करो और विस्तार से पूरी बात बताओ।' स्वामीजी की बात सुनकर वह पंडित कुछ देर तक चुप रहा और फिर एक गहरी साँस लेते हुए बोला, 'स्वामीजी, तीन दिन पहले मुझे एक सेठ ने विशाल भोज में आमंत्रित किया था। सेठ ने मुझे दान में चाँदी की एक चौकी और रुपया दिया था। उसी दिन से मेरा सुख-चैन सब छिन गया है। जब भी मैं खाने बैठता हूँ तो खाने में मुझे खून के धब्बे दिखाई देते हैं। सोता हूँ तो लोगों की चीख-पुकार सुनाई देती है। मेरा जीना मुश्किल हो गया है। कृपया, आप मेरी समस्या का समाधान करें।'

उसकी बात सुनकर स्वामीजी बोले, 'पंडितजी, आपकी समस्या का समाधान मिल जाएगा, लेकिन उसके लिए सेठ के आस-पास रहनेवाले कुछ लोगों से बातचीत करनी होगी।' सेठ के पड़ोसी स्वामी विवेकानंद के पास आए। स्वामी विवेकानंद ने उन सबसे कुछ बातचीत की और सेठ को भी अपने यहाँ बुलाया। उन्होंने सेठ को एकदम परख लिया और उसे सद्कर्म

व नेक कार्यों को करने का संदेश दिया। इसके बाद उन्होंने उस पंडित को बुलवाया। वह पंडित से बोले, 'तुम्हारी समस्या का समाधान मिल गया है। तुम्हें बुरे-बुरे सपने और विचार उसी दिन से आ रहे हैं, जिस दिन तुम उस महाभोज से होकर लौटे हो। दरअसल सेठ ने दानस्वरूप तुम्हें जो कुछ दिया है, वह उसकी मेहनत की कमाई नहीं है। उसने असंख्य गरीबों का रक्त चूसा है, उन्हें सताया कर धन एकत्र किया है और उसी धन का कुछ भाग तुम्हें दिया है। इस तरह तुम्हें यह पाप की कमाई सता रही है।'

स्वामीजी की बात सुनकर पंडित दंग रह गया। वह बोला, 'स्वामीजी, मैं तो इस बात से अनभिज्ञ था कि वह कमाई पाप की है, लेकिन तब भी मेरा जीना दूभर हो गया। ऐसे में जो लोग पाप कर्म करके धन कमाते हैं, उनका जीना तो अत्यंत दुश्वार हो जाता होगा।' पंडित की बात पर स्वामीजी बोले, 'तुम बिल्कुल सही कह रहे हो, लेकिन कई बार इनसान पाप की कमाई में इतना डूब जाता है कि सचेत नहीं होता और आखिरकार उसका अंत बहुत बुरा होता है।' स्वामीजी से अपनी समस्या का समाधान जानकर पंडित बोला, 'स्वामीजी, मैं आज ही वह चाँदी की चौकी और रुपए सेठ को वापस कर दूँगा, तभी मुझे चैन मिलेगा।' इसके बाद वह वहाँ से चला गया।

□

गुरु का ज्ञान

नरेन उन दिनों ज्ञान और गुरु की तलाश में थे। वे रामकृष्ण परमहंस से मिल चुके थे। रामकृष्ण परमहंस की ओजस्वी वाणी ने उन्हें अत्यंत प्रभावित किया था। एक दिन स्वामी रामकृष्ण परमहंस अपने भक्तों को चातक का दृष्टांत देकर समझा रहे थे। नरेन भी वहीं बैठे हुए थे। स्वामी रामकृष्ण परमहंस बोले, 'चातक जिस प्रकार अपनी प्यास बुझाने के लिए बादल की ओर ताकता रहता है और पूर्णतया उसी पर निर्भर रहता है, उसी प्रकार भक्त भी अपने हृदय की प्यास और सब प्रकार के अभावों की पूर्ति के लिए केवल ईश्वर पर ही निर्भर रहता है। ईश्वर अपने सच्चे भक्त की पुकार सुनता है।'

यह सुनकर नरेंद्र एकाएक बोल उठे, 'स्वामीजी, मैं मानता हूँ कि यह बात प्रसिद्ध है कि चातक पक्षी वर्षा का जल छोड़कर और कोई जल नहीं पीता है। परंतु फिर भी मैंने चातक को कई बार अन्य पक्षियों की तरह नदी जलाशय आदि में जल पीकर अपनी प्यास बुझाते देखा है।' यह सुनकर स्वामी रामकृष्ण परमहंस नरेंद्र से बोले, 'अच्छा! चातक अन्य पक्षियों की तरह धरती का जल भी पीता है। तब तो मैं शायद गलत हूँ। तुम मुझे भी दिखाना कि चातक कैसे अन्य जलाशयों का जल पीता है।' बालक नरेन इस बात पर खुश होकर बोला, 'स्वामीजी, मैं आपको अवश्य दिखाऊँगा।' कुछ दिनों बाद एक दिन नरेंद्र भागते हुए स्वामी रामकृष्ण परमहंस के पास आए और बोले, 'स्वामीजी, मेरे साथ चलिए। देखिए, एक चातक जलाशय का जल पी रहा है।' स्वामी रामकृष्ण परमहंस तुरंत नरेंद्र के साथ चल पड़े। वहाँ

जाकर उन्होंने देखा कि चातक की तरह दिखनेवाला एक अन्य पक्षी जलाशय का जल पी रहा है।' यह देखकर स्वामी रामकृष्ण परमहंस मुसकराकर उसके सिर पर प्रेम से चपत मारते हुए बोले, 'अरे, यह चातक नहीं है। अच्छा तो तुम इन पक्षियों की बात कर रहे थे।' स्वामी रामकृष्ण परमहंस की सादगी और ज्ञान के तरीके से नरेंद्र मोहित हो गए और बोले, 'स्वामीजी, वाकई आप अद्‌भुत गुरु हैं, जो विशिष्ट तरीके से अपने भक्तों और शिष्यों की समस्या का समाधान करते हैं।' इसके बाद से नरेंद्र स्वामी रामकृष्ण परमहंस के सर्वश्रेष्ठ शिष्य बन गए।

□

भारत की महानता

यह प्रसंग उस समय का है, जब स्वामी विवेकानंद अमरीका से पुनः इंग्लैंड जा पहुँचे। वहाँ पर स्वामीजी के विचारों से अनेक लोग प्रभावित थे और वे उन्हें सुनने के लिए आया करते थे। लोग उनसे अनेक प्रश्न पूछते थे। यह देखकर स्वामीजी ने वहाँ पर नियमित रूप से शिक्षादान व प्रश्नोत्तर की कक्षाएँ लगानी शुरू कर दीं। भारत तब इंग्लैंड के अधीन था। एक दिन लंदन की सभा में भारत देश की वैज्ञानिक एवं परिष्कृत संस्कृति पर बात चल रही थी। स्वामीजी वैज्ञानिक उदाहरण देकर भारत की महानता का गान कर रहे थे। वे बता रहे थे कि भारत में हिंदुओं की संख्या अधिक होने पर भी वहाँ सभी को समान अधिकार प्राप्त हैं। हिंदू प्रत्येक जाति-धर्म के त्योहारों का महत्त्व समझते हैं और उनमें बढ़-चढ़कर भाग भी लेते हैं।

सभी लोग बड़े ध्यान से उनकी बातों को सुन रहे थे। वहाँ कुछ ऐसे लोग भी थे, जो उनके विरोधी थे। एक विरोधी सभा में से उठकर बोला, 'स्वामीजी, आप हिंदुओं और भारत की प्रशंसा के पुल बाँधे जा रहे हैं। आप बताइए भला, भारत के हिंदुओं ने अब तक किया ही क्या है ? वे कभी किसी दूसरे देश पर विजय प्राप्त नहीं कर सके, बल्कि दूसरे देश ने ही उनपर हमला बोल दिया।' विरोधी युवक की बात सुनकर स्वामीजी सहज होकर बोले, 'ऐसा मत कहिए, श्रीमान। उन्होंने बेवजह कभी किसी दूसरे देश को कष्ट देने के लिए आक्रमण नहीं किया और न ही उन्हें अपने अधीन करना चाहा है। किसी भी देश का गौरव दूसरे देश को बंधक बनाने में नहीं, बल्कि उसे

मुक्त करने में है। महानता इस बात में है कि विश्व के किसी भी देश को बंधक बनाए बिना अपने देश की विशाल संस्कृति, महानता, साहित्य और सद्‌गुणों को दूसरे को बाँटा जाए, ताकि वह भी उनसे लाभ उठाए और पूरा ब्रह्मांड प्रेम व परोपकार के भाव में बँध सके। इसी में महानता है। किसी को पराधीन करके गौरव प्राप्त करना महानता नहीं है, किसी पराधीन को मुक्त करने में महानता है। जिस तरह व्यक्ति पक्षी को पिंजरे में बंद करके स्वयं भी एक घुटन और दर्द के एहसास से सराबोर होता है, वही एहसास देश या व्यक्ति को पराधीन करके भी होता है। इसके विपरीत पक्षी को पिंजरे से मुक्त करके जिस आजादी और खुशी का अनुभव होता है, वही खुशी परोपकार और बंदी को मुक्त करके भी प्राप्त होती है। अगर तुम्हें यकीन नहीं तो आज ही किसी निर्दोष पक्षी को पहले पिंजरे में कैद करो और फिर उसे मुक्त करो, तुम्हें अंतर स्वयं समझ आ जाएगा कि किसमें अधिक सुख है?' स्वामी विवेकानंद की यह बातें सुनकर सभा में मौजूद व्यक्तियों की करतल ध्वनि से पूरा प्रांगण गूँज उठा और वह व्यक्ति सिर झुकाकर नीचे बैठ गया। □

सार्थक उद्देश्य

एक बार स्वामी विवेकानंद भ्रमण करते हुए अलवर की ओर जा पहुँचे। वहाँ पर अलवर राज्य के दीवान ने जब स्वामी विवेकानंद को सुना तो वे उनके भक्त बन गए। वे स्वामीजी को बहुत मानते थे। दीवान ने सोचा कि हमारे महाराज को एक बार स्वामी विवेकानंद से अवश्य मिलना चाहिए। स्वामी विवेकानंद से मिलकर उन्हें अद्‌भुत ज्ञान की प्राप्ति तो होगी ही, साथ ही परम संतुष्टि का अनुभव भी होगा। यह सोचकर दीवान ने अलवर के महाराज से बात की। उन्होंने भी स्वामी विवेकानंद के बारे में सुना हुआ था। वे भी उनसे मिलने के इच्छुक थे। आखिर प्रतीक्षा का दौर खत्म हुआ और अलवर के महाराज स्वामी विवेकानंद से रूबरू हुए।

अलवर के महाराज स्वामी विवेकानंद के ज्ञान और व्यक्तित्व से अत्यंत प्रभावित हुए। उनसे बातें करते हुए वह बोले, 'स्वामीजी, आप तो अत्यंत विद्वान् हैं। यदि चाहें तो आप एक ही स्थान पर रहते हुए धनोपार्जन कर अपनी जीविका श्रेष्ठ तरीके से चला सकते हैं और जीवन का आनंद उठा सकते हैं। फिर आप जगह-जगह पर जाकर भिक्षा प्राप्त करके अपना जीवन क्यों चलाते हैं ?' अलवर के महाराज की बात सुनकर स्वामीजी मुसकरा उठे और बोले, 'मैं इसका जवाब तुम्हें अवश्य दूँगा, लेकिन उससे पहले मेरे एक प्रश्न का जवाब दीजिए।' महाराज बोले, 'पूछिए स्वामीजी।' स्वामी विवेकानंद बोले, 'आप एक राजा हैं। आपका कर्तव्य अपनी प्रजा की समुचित देखभाल करना है। ऐसे में आप अपने राजकार्य को विस्मृत करके अंग्रेज अधिकारियों के

साथ शिकार खेलने में व्यस्त क्यों रहते हैं?' स्वामीजी का यथार्थ और कटु प्रश्न सुनकर वहाँ उपस्थित दरबारी समेत दीवान काँप गए कि अब महाराज क्रुद्ध हो जाएँगे, लेकिन महाराज मुसकराकर बोले, 'स्वामीजी, मुझे शिकार खेलना अच्छा लगता है, इसलिए मैं इसमें व्यस्त रहता हूँ।'

स्वामीजी बोले, 'जिस तरह आपको शिकार खेलना अच्छा लगता है, उसी तरह मुझे भिक्षार्जन करके जीवनयापन करना अच्छा लगता है, लेकिन हम दोनों के अच्छे लगने में एक बहुत बड़ा अंतर है।' यह सुनकर महाराज चौंककर बोले, 'क्या अंतर है, स्वामीजी?' स्वामीजी बोले, 'तुम्हारा अच्छा लगना निरुद्देश्य है और मेरे अच्छे लगने के पीछे सार्थक उद्देश्य है। मैं चाहता हूँ कि मेरा संपूर्ण भारत हर बुराई से दूर रहे। यहाँ निवासियों में आपस में प्रेम हो, सभी शिक्षित और समान हों।'

स्वामीजी की बात सुनकर अलवर के महाराज ने स्वामीजी के चरण पकड़ लिये और बोले, 'स्वामीजी, आज आपने मेरी आँखें खोल दीं। आज से मैं भी सार्थक उद्देश्य के लिए कार्य करूँगा और अपनी प्रजा की समुचित देखभाल करूँगा।' इसके बाद अलवर के महाराज स्वामीजी के अत्यंत प्रिय बन गए।

□

जाति-धर्म सब समान

उन दिनों स्वामीजी भारत-भ्रमण पर थे। भारत-भ्रमण के दौरान उनकी एक मुसलमान वकील से मित्रता हो गई। मुसलमान वकील स्वामी विवेकानंद से अत्यंत प्रभावित था। उसने उन्हें कह रखा था कि यदि किसी भी सामान की आवश्यकता हो तो निःसकोच माँग लें। स्वामीजी ने भी वकील को अपना शिष्य बना लिया था। वकील ने स्वामीजी को कुछ दिनों के लिए अपने घर पर ही ठहरा लिया था। एक दिन खेतड़ी राज्य के सचिव स्वामीजी के दर्शन करने के लिए वहाँ पर आए। उस समय स्वामीजी मुसलमान वकील के घर पर आराम कर रहे थे। सचिव स्वामीजी के पास पहुँचा तो उसने पाया कि अनेक लोग उन्हें घेरकर बैठे हुए हैं और अपनी-अपनी समस्याओं के समाधान पूछ रहे हैं। स्वामीजी को एक मुसलमान व्यक्ति के घर पर रहते देखकर सचिव को अत्यंत अचरज हुआ। वह अपने अचरज को दबा नहीं सका और उत्सुकतावश उनके पास जाकर पूछने लगा, 'स्वामीजी, आप तो हिंदू हैं। आप हिंदू होकर मुसलमान के घर पर रह रहे हैं और उनके घर का बना हुआ खाना भी खा रहे हैं। एक धर्मनिष्ठ हिंदू मुसलमान के घर का बना हुआ नहीं खाते। क्या एक हिंदू संन्यासी को यह शोभा देता है?'

स्वामीजी सचिव की बात पर बोले, 'जो मुसलमान के हाथ का नहीं खाते, वे हिंदू संन्यासी अज्ञानी हैं।' सचिव बोला, 'स्वामीजी, अज्ञानी कैसे हैं?' स्वामीजी बोले, 'वे अज्ञानी इसलिए हैं, क्योंकि उन्हें वेदों का सही से ज्ञान नहीं है। वेदों में कहीं भी इस बात का जिक्र नहीं है कि किसका छुआ

खाया जाए और किसका नहीं। वेद प्रत्येक व्यक्ति में समानता की बात करता है। ऊँच-नीच, छुआछूत व्यक्ति ने बनाए हैं। इनका कोई औचित्य नहीं है। जो व्यक्ति शिक्षित होकर भी ऊँच-नीच और जाति-धर्म में भेदभाव करता है, मेरे विचार में वह दुनिया का सबसे अज्ञानी व्यक्ति है।'

स्वामीजी की बातें सुनकर सचिव दंग रह गया। वह उनके महान् विचारों से अत्यंत प्रभावित हुआ और बोला, 'स्वामीजी, आप सत्य कहते हैं। आज से मैं भी समानता को अपने आचरण और व्यवहार में शामिल करूँगा।'

□

शरीर का महत्त्व

एक दिन स्वामीजी अपने आश्रम में बैठे हुए थे कि तभी वहाँ पर एक व्यक्ति आया! जिसके दोनों हाथ नहीं थे। वह व्यक्ति अत्यंत चिंतित और परेशान लग रहा था। स्वामीजी उससे बोले, 'भाई, क्या बात है? इतने परेशान क्यों हो?' इस पर वह व्यक्ति बोला, 'स्वामीजी, जिस व्यक्ति के हाथ ही न हों, वह परेशान नहीं होगा तो क्या होगा?' बिना हाथों के यह जीवन बेकार है। जब मेरे हाथ सही-सलामत थे, तब मैंने कभी भी इनका महत्त्व नहीं समझा। अपने जीवन को अधिकतर सोने और खाने-पीने में लगा दिया। आज जब मेरे हाथ नहीं हैं, तब मैंने इनके महत्त्व को समझा है।' उसकी बात सुनकर स्वामीजी बोले, 'तुम्हारे हाथ सही-सलामत थे, फिर क्या किसी दुर्घटना में तुम अपने हाथ खो बैठे।' व्यक्ति बोला, 'हाँ स्वामीजी, एक सड़क दुर्घटना में मेरे दोनों हाथ बुरी तरह कुचल गए। सचमुच बिना हाथों के मेरा जीवन अत्यंत दुःखदायी हो गया है। मैं हर चीज के लिए दूसरों पर निर्भर रहने लगा हूँ। आपके पास आकर मन में शांति पाना चाहता था।'

उसकी बात सुनकर स्वामी विवेकानंद अत्यंत दुःखी हुए और बोले, 'भाई, सचमुच तुमने शरीर का महत्त्व हाथों को खोने के बाद समझा है, लेकिन कोई बात नहीं। निराश मत होओ, क्योंकि अभी भी तुम्हारे पास मनुष्य का शरीर है, जो अत्यंत मुश्किल से प्राप्त होता है। जब तुम इस शरीर का महत्त्व और कीमत समझ गए हो तो इसे परोपकार व मानव के कल्याण में लगाओ। ऐसा करने से तुम्हें अपनी परेशानी कम अनुभव होगी और अनेक

लोग तुमसे जुड़ जाएँगे। इसके साथ ही लोगों के साथ रहने से तुम्हें अकेलापन नहीं खलेगा और तुम्हारा जीवन आराम से गुजरेगा। मुझे बताओ कि तुम क्या काम जानते हो?'

व्यक्ति बोला, 'स्वामीजी, मैं पढ़ा-लिखा हूँ। बिना हाथों के मैं लोगों को शिक्षा प्रदान कर सकता हूँ।' उसकी बात सुनकर स्वामीजी प्रसन्न होकर बोले, 'इस विश्व में विद्या का दान भी बहुत बड़ा दान है। विद्या का दान करने से व्यक्ति की विद्या घटती नहीं है, अपितु बढ़ती ही है। इसके साथ ही तुम्हें आत्मिक रूप से भी संतुष्टि प्राप्त होगी। तुम आज से ही अपने जीवन को लोगों को शिक्षित करने में लगा दो। फिर देखना, कुछ समय बाद तुम अपने दुःख को अवश्य भूल जाओगे।' स्वामीजी की बातें सुनकर व्यक्ति बोला, 'स्वामीजी, आपने मुझे सही दिशा दिखाई है। मैं आज से ही अपना ध्यान लोगों को शिक्षित करने में लगाऊँगा और अपने इस मनुष्य-जीवन को व्यर्थ नहीं जाने दूँगा।' उसकी यह बात सुनकर स्वामीजी ने उसे आशीर्वाद दिया।

□

बच्चों से व्यवहार

एक बार स्वामी विवेकानंद देश में भ्रमण करते हुए एक सज्जन के घर पर ठहरे। वे सज्जन स्वामी विवेकानंद के भक्त थे। स्वामी विवेकानंद ने उनके घर रहकर यह महसूस किया कि जब वे सज्जन काम के सिलसिले में बाहर जाते हैं तो उनके बच्चे अत्यंत चंचल, वाचाल और उत्साह से भर उठते हैं तथा पिता के आने के समय वे सुस्त और डरे-सहमे से एक कोने में बैठ जाते हैं। जब स्वामी विवेकानंद को उनके घर में रहते हुए दो-तीन दिन बीत गए तो उन्होंने उस सज्जन को अपने पास बुलाया और बोले, 'महाशय, आप मुझे एक बात बताइए। क्या आपके बच्चे आपसे डरते हैं?' यह प्रश्न सुनकर वह व्यक्ति प्रसन्न मुद्रा में बोला, 'बिल्कुल स्वामीजी। अरे, मेरे बच्चे तो मुझसे इतना अधिक डरते हैं कि उनकी मेरे सामने मुँह खोलने की कोई हिम्मत ही नहीं होती, शरारत तो दूर की बात है। आप अकसर माता-पिता के मुँह से सुनते होंगे कि उनके बच्चे अत्यंत शरारती हैं, लेकिन मेरे बच्चे तो बिल्कुल शांत हैं।' यह बताकर वह व्यक्ति चुप हो गया।

उसके चुप होते ही स्वामी विवेकानंद बोले, 'तुम क्या समझते हो, बच्चों को डरा-धमकाकर एक कोने में बैठाना उचित है। अरे मूर्ख! बच्चों का स्वभाव ही है शरारत करना, कूदना-फाँदना। इसलिए तो बचपन को जीवन का स्वर्णिम काल कहा गया है, क्योंकि बचपन जितना मासूम होता है, उतना ही खूबसूरत भी। हर बच्चे के बचपन को उसे स्वाभाविक तौर पर जीने देना चाहिए। तुम अभी बच्चों की शरारतों और बातों को रोकने का प्रयास करोगे

तो उनके मन में एक कुंठा जन्म लेती जाएगी, जो बड़ा होने पर उन्हें अपराधी रूप में भी परिवर्तित कर सकती है। बच्चों को खुलकर जीने देने का प्रयास करना चाहिए। तुम बच्चों के साथ बच्चा बनकर रहोगे तो तुम्हें भी जीने का आनंद आएगा और बच्चे तुमसे अधिक प्रेम दरशाएँगे, तुम्हें अपनी समस्या से रूबरू कराएँगे। इसके विपरीत, जितना वे तुमसे डरेंगे, उतना ही वे तुमसे दूर हो जाएँगे और ऐसी स्थिति होने पर विकट समस्या उत्पन्न हो सकती है। इसलिए आज से ही अपनी इस स्थिति को सुधारो और बच्चों के प्रति प्रेम व वात्सल्य प्रकट करो, ताकि वे तुम्हारे साथ रहकर पिता का सुख उठा सकें। ऐसा नहीं कि तुम्हारी उपस्थिति में वे तुम्हें राक्षस समझकर तुमसे दूर रहें।' स्वामी विवेकानंद की यह बातें सुनकर वह सज्जन शर्मिंदा हो गया और उसने बच्चों के साथ अच्छा व्यवहार करना आरंभ कर दिया।

□

हंस और उल्लू

एक बार स्वामी विवेकानंद अमरीका के एक विश्वविद्यालय में छात्रों के समक्ष प्रवचन देकर उन्हें भारतीय संस्कृति तथा अध्यात्म के रहस्य की जानकारी दे रहे थे। उन्होंने कहा कि भारतीय संस्कृति तथा धर्म के सभी तत्त्वों का वैज्ञानिक महत्त्व भी है। इसलिए संस्कृति तथा अध्यात्म को वैज्ञानिकता से जोड़कर देखा जाता है। यह सुनकर एक अमरीकी व्यक्ति उनके प्रवचन में दखल देते हुए बीच में उठकर बोला, 'वास्तव में आपकी संस्कृति महान् है, तभी तो आपके यहाँ देवी लक्ष्मी का वाहन उल्लू बताया गया है, जिसे दिन में दिखाई भी नहीं देता। अब जरा बताइए कि देवी लक्ष्मी का वाहन उल्लू होने के पीछे क्या वैज्ञानिक तर्क है?' उस व्यक्ति का प्रश्न सुनकर स्वामीजी अत्यंत शांति से बोले, 'पश्चिमी देशों की तरह हमारे भारत देश में धन को ही सबकुछ नहीं माना गया है। इसलिए हमारे ऋषि-मुनियों ने चेतावनी दी है कि लक्ष्मीरूपी धन असीमित मात्रा में पास आते ही मानव को आँखें होते हुए भी उल्लू की तरह अंधा बना देता है। इसी का संकेत देने के लिए लक्ष्मी का वाहन 'उल्लू' बताया गया है और लक्ष्मी का वाहन उल्लू होने के पीछे यही वैज्ञानिक तर्क है।' स्वामीजी के इस जवाब पर सभी वाह-वाह कर उठे। इसके बाद स्वामीजी फिर बोले, 'सरस्वती ज्ञान और विज्ञान की प्रतीक हैं। मानव का विवेक जाग्रत् करनेवाली हैं। इसलिए सरस्वती का वाहन हंस बताया गया है, जो नीर-क्षीर-विवेक का प्रतीक है। इसलिए अब

आप यह भलीभाँति समझ गए होंगे कि संस्कृति व धर्म के सभी तत्त्वों के पीछे वैज्ञानिक तर्क छिपे हुए हैं।'

सभी व्यक्तियों के साथ ही वह व्यक्ति भी हंस और उल्लू के देवी-देवताओं का वाहन होने का वैज्ञानिक तर्क सुनकर स्वामीजी के प्रति नतमस्तक हो गया और उसी दिन से भारतीय संस्कृति व स्वामीजी का प्रशंसक बन गया।

□

सत्य की शक्ति

स्वामीजी के साथ जॉन गुडविन नामक स्टेनोग्राफर अंत तक उनके साथ रहा। वह यदा-कदा स्वामीजी से प्रश्न पूछता रहता था। भारतीय संस्कृति से वह अत्यंत प्रभावित था। एक दिन स्वामीजी कुछ लिपिबद्ध करा रहे थे। उसमें सत्य की चर्चा थी। सत्य के बारे में लिखते हुए अचानक गुडविन रुका और बोला, 'स्वामीजी, क्या सत्य एक शक्ति है या यह मात्र गुण है?' स्वामीजी उसका प्रश्न सुनकर बोले, 'तुमने बहुत ही अच्छा प्रश्न पूछा है। सत्य गुण तो है ही, लेकिन इसके साथ ही यह एक शक्ति है, किंतु इस शक्ति का पता केवल वही व्यक्ति जान पाता है, जो इसका उपासक होता है, अर्थात् जो सत्य का स्वामी होता है और सत्य को किसी भी क्षण अपने शरीर से अलग नहीं करता। लोग कहते हैं कि झूठ के बिना जीवन नहीं है, लेकिन मैं इस बात को नहीं मानता। मैं तो यह कहता हूँ कि जिसने अपने जीवन में सत्य को अंगीकार कर लिया, वह कभी भी मात नहीं खा सकता। सत्य के स्वामी से झूठ बोलनेवालों के साथ ही बुरी ताकतें भी घबराने लगती हैं।' यह सुनकर गुडविन बोला, 'स्वामीजी, सत्य से भला बुरी ताकतें कैसे घबराती हैं?'

स्वामीजी बोले, 'बंधु, याद रखो, यदि तुम प्रलोभनों को ठुकराकर सत्य के सेवक बनोगे तो तुममें ऐसी दैवी शक्ति आ जाएगी, जिसके सामने लोग तुमसे उन बातों को करते हुए डरेंगे, जिन्हें तुम सत्य नहीं समझते। यदि तुम बिना किसी विक्षेप के लगातार चौदह वर्ष तक सत्य की अनन्य सेवा कर

सको तो तुम सामान्य से ऊपर उठ जाओगे। तुम्हारे अंदर स्वत: ही शक्ति उत्पन्न हो जाएगी।'

अब गुडविन फिर बोला, 'पर स्वामीजी, जो कहा जा रहा है, वह सत्य ही है, यह कैसे साबित किया जा सकता है?' स्वामीजी बोल, 'सत्य को प्रमाण की आवश्यकता नहीं होती। तुम ही बताओ, भला क्या सूर्य का अस्तित्व सिद्ध करने के लिए कभी मशाल या अग्नि की जरूरत पड़ती है। अरे, सूर्य तो स्वयं ही प्रकाशमान है। अपनी ऊर्जा से वह एक क्या अनेक मशालें जला सकता है, इसी तरह सत्य अपनी शक्ति से जीवन में अनेक सफलताएँ अर्जित कर सकता है।' स्वामीजी की बात सुनकर गुडविन संतुष्ट हो गया और बोला, 'स्वामीजी, फिर तो मैं भी आज से, बल्कि अभी से यह संकल्प लेता हूँ कि आजीवन सत्य का पुजारी रहूँगा।' उसकी यह बात सुनकर स्वामीजी मुसकरा दिए।

□

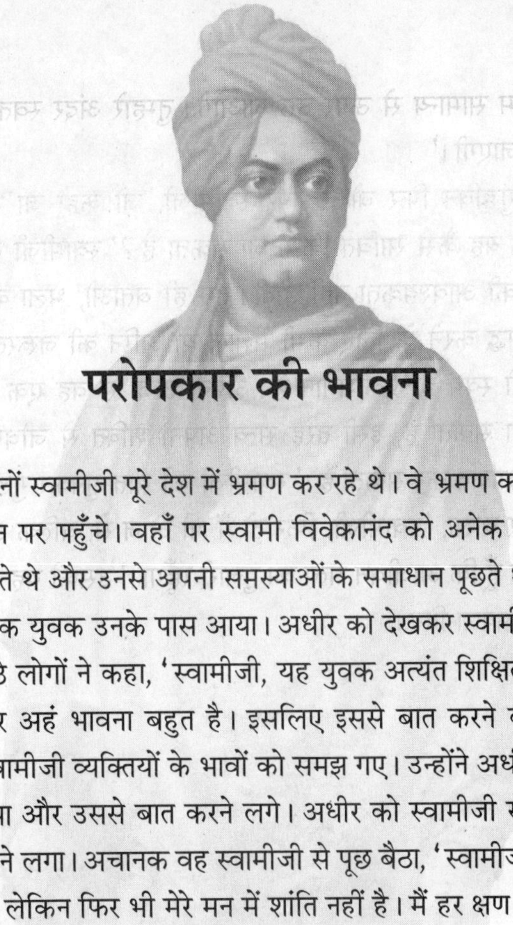

परोपकार की भावना

उन दिनों स्वामीजी पूरे देश में भ्रमण कर रहे थे। वे भ्रमण करते हुए एक स्थान पर पहुँचे। वहाँ पर स्वामी विवेकानंद को अनेक लोग घेरकर खड़े हो जाते थे और उनसे अपनी समस्याओं के समाधान पूछते थे। एक दिन अधीर नामक युवक उनके पास आया। अधीर को देखकर स्वामी विवेकानंद के पास बैठे लोगों ने कहा, 'स्वामीजी, यह युवक अत्यंत शिक्षित है, लेकिन इसके अंदर अहं भावना बहुत है। इसलिए इससे बात करने का मन नहीं करता।' स्वामीजी व्यक्तियों के भावों को समझ गए। उन्होंने अधीर को अपने पास बुलाया और उससे बात करने लगे। अधीर को स्वामीजी से बातें करते हुए रस आने लगा। अचानक वह स्वामीजी से पूछ बैठा, 'स्वामीजी, मैं अत्यंत शिक्षित हूँ, लेकिन फिर भी मेरे मन में शांति नहीं है। मैं हर क्षण अधीर रहता हूँ। क्या यह मेरे नाम का असर है?'

उसकी बात सुनकर स्वामीजी बोले, 'अधीर नाम से कुछ नहीं होता। असली बात गुणों पर निर्भर करती है। तुम्हारे अंदर अहं भाव अधिक है।' इस पर अधीर बोला, 'स्वामीजी, मैं अपने अहंभाव को कम करने के लिए क्या करूँ?' स्वामीजी बोले, 'परोपकार करो। परोपकार का प्रत्येक कार्य, सहानुभूति का प्रत्येक विचार, दूसरों की सहायतार्थ किया गया प्रत्येक कर्म, प्रत्येक शुभ कार्य हमारे अहंभाव को प्रतिक्षण घटाता रहता है और हममें यह भावना उत्पन्न करता है कि हम न्यूनतम और तुच्छतम हैं। परोपकार ही जीवन है।'

इस पर अधीर बोला, 'स्वामीजी, यह और बताइए कि क्या परोपकार करने से अपना भला होता है ?' स्वामीजी मुसकराकर बोले, 'भाई, संसार का उपकार करना अपना ही उपकार करना है। दूसरों के लिए किए गए कार्य का मुख्य फल है—अपनी स्वयं की आत्मशुद्धि। परोपकार करते रहने से व्यक्ति अपने दुःख-दर्द भूल जाता है और निस्स्वार्थ भाव से किए गए कार्य का फल हमेशा श्रेष्ठ होता है।'

स्वामी विवेकानंद की ज्ञान भरी बातें सुनकर अधीर उनके चरणस्पर्श करते हुए बोला, 'स्वामीजी, आज आपने मुझे जीवन की सही राह दिखाई है। आज से बल्कि, अभी से मैं परोपकार को अपने जीवन का एक अंग बनाऊँगा।' इसके बाद वह वहाँ से चला गया।

□□□